品中国帝师

一退 著

上海文艺出版社

目 录

1 ……… **叔孙通**（西汉初？—约前194）
性格多变，秦博士，先投项梁，后投刘邦，为刘邦制定礼仪。为太子太傅，悉心教导太子。刘邦欲废太子，叔孙通以头触地，苦苦相劝。太子即位为惠帝后，又一心辅助。

19 ……… **贺知章**（中唐659—744）
唐玄宗时，先为太子侍读，教育六岁的太子，建立深厚师生感情。后任太子宾客。诗人、书法家，性情旷达豪放，善饮酒，与李白、张旭等交友。被杜甫称为"饮中八仙"。唐玄宗很喜爱此人，八十六岁辞官归家时，令太子率百官饯行。

39 ……… **司马光**（北宋1019—1086）
大政治家、史学家，历仕仁宗、英宗、神宗、哲宗四朝。期间为神宗翰林侍讲，讲述治国之道，反对王安石变法，和另一名侍讲吕惠卿有大辩论。被贬洛阳十五年，撰写《资治通鉴》。哲宗即位，重执朝政牛耳。

59 ……… **朱　熹**（南宋1130—1200）
著名理学家、教育家，性忠直，效法前贤。曾任荆湖南路安抚使，清廉为民，仕至宝文阁待制。为宁宗经筵官，侍讲四十六天，讲述圣贤之道，因直言批评朝政被免。倾一生之心血，光大理学。

79 ……… **宋　濂**（明初1310—1381）
性格坚韧不拔，家贫，苦学，后成就斐然，朱元璋称其为"开国文臣之首"，为太子经师，为朱元璋讲史，深入浅出。后为知制诰。孙子被牵连胡惟庸案中，全家遭流放，太子苦劝不济，终死于半途。

97 ……… **方孝孺**（明初1357—1402）
散文家、学者，骨头硬，被鲁迅称为"台州式硬气"。有江南第一大儒之称，曾为蜀献王世子师，后为惠帝翰林侍讲。不懂兵，于燕王朱棣发动的争夺皇位战争中失败,誓死维护惠帝,被朱棣所杀。

115 ········ 高　拱(明中 1513—1578)

穆宗为裕王时,高拱任侍讲学士九年,精心讲学,二人关系密切。后两次为首辅。励精图治,胆识过人,积极实施改革,但也专横,斗倒了一个个政敌,但在和张居正争斗中,不及张老谋深算,落败。

133 ········ 汤　斌(清初 1627—1687)

顺治时为官。康熙年间,为翰林侍讲,参与编修《明史》。一生清廉,踏实任事。后任江宁巡抚,积极救灾。回朝后为礼部尚书,管詹事府,还为太子授课,被明珠等陷害,忧惧而死。

151 ········ 朱　轼(清中 1665—1736)

农家弟子,一心苦学,康熙、雍正、乾隆三朝为官。为浙江巡抚时,清吏治,正风俗,刚正不阿。后入值南书房。为乾隆师,以要求严格著称。去世后,乾隆赐字"帝师元老"。立无字墓碑。

169 ········ 翁同龢(清末 1830—1904)

状元,其父翁心存先为帝师。其又为同治、光绪两帝师。为刑部侍郎时,平反杨乃武和小白菜冤案。曾两次入值军机大臣。参与中法战争及中日甲午战争决策。著名书法家。戊戌变法后,罢归故里。

187 ········ 陈宝琛(清末 1848—1935)

最后一位帝师。性情耿介,敢言。光绪年间为翰林院侍讲、江西学政等职。中法战争中主战,荐人不当被连降五级,回乡二十五年,大力举办民间教育。宣统元年,为帝师。后劝阻溥仪当伪满洲国皇帝。

205 ········ 山高师为峰(代后记)

叔孙通
(西汉初？—约前194)

性格多变,秦博士,先投项梁,后投刘邦,为刘邦制定礼仪。为太子太傅,悉心教导太子。刘邦欲废太子,叔孙通以头触地,苦苦相劝。太子即位为惠帝后,又一心辅助。

叔孙通，西汉初年，性格多变，秦博士，后投刘邦，为刘邦制定礼仪，惠帝时导太子，是汉代第一个太子太傅

叔孙通

1

秦二世元年(公元前209)秋,是个秋雨连绵的日子。一连十几天,总是下个不停。谁也没有想到,这场雨会成为秦朝灭亡的导火线。

大泽乡(今安徽宿州东南)有一队被征发的九百多人的戍边人员,因大雨,道路不通而无法前行。秦律:逾期当斩。于是这伙人在陈胜、吴广带领下,揭竿而起,迅速攻下蕲县(今安徽宿州南),占据陈县(今河南淮阳)。

消息传到秦都咸阳。二世胡亥很不以为然。胡亥是个性情乖戾的皇帝,始皇死后,本应长子扶苏为帝,但中车府令赵高和丞相李斯矫诏令扶苏自尽,让他坐上龙椅。听说有人造反,他召集博士和儒生商讨办法。

胡亥问众人:听说有戍卒占进蕲陈二县,你们怎么看?

与会有三十余人,纷纷上前奏说:"人臣无将,将即反,罪死无赦。愿陛下急发兵击之。"

胡亥一听,变了脸色。他最听不得说有人造反。太平盛世会有人造反?

待诏博士叔孙通一见胡亥发怒,急忙上前奏道:"陛下,这些诸生都说错了。现今是天下一家,明主在上,人人奉职,四方辐辏,安敢有造反的?不过是一群鼠窃狗盗罢了,何足挂齿?让郡守逮治就行,有什么可忧愁的?"

胡亥一听,笑了起来,点头说:"你说得好。"胡亥又问其他人,到底这些人是反是盗?有说反的,有说盗的。胡亥让御史把说造反的,都下了狱。说盗窃的,都罢了官。唯独赏赐叔孙通帛二十匹,衣一袭。并拜为博士。

叔孙通回到住舍,其他儒生看见他就责备说:"先生你怎么如此阿谀?"叔孙通说:"你们不知道,我是怕脱不了虎口。"当天,就脱下博士衣裳,悄悄出了咸阳,回到老家薛县。薛县在今山东枣庄薛城北。

叔孙通,又名叔孙河。据《孔丛子》一书说,他是孔鲋的学生。孔鲋为孔子的九世孙。魏国人。他要叔孙通到秦国去。该书还说叔孙通依法事秦。就是说在秦国他是以法家面目出现的。这也不奇怪。当时的读书人都有几套文本。商鞅见秦孝公,开始就说的是王道。把王道说得天花乱坠。见王道引不起秦孝公的兴趣,才又说霸道,弄得秦孝公眉开眼笑。叔孙通文采不错,被征召为待诏博士,本想在秦朝干一番事业,没有想到朝廷如此短命。此时他也不会想到自己以后会成为汉朝第一个太子太傅,也就是帝师。帝师有三种,一种是张良那种,有帷幕之中的决胜长策。还有就是准皇帝的老师。再者是经筵中给皇帝讲经的,也称为帝师。叔孙通是第二种。货真价实的帝师。

后人有不少责备叔孙通,说他不刚直,会面谀。其实不是面谀,是机智。他有先见之明,看出秦王朝将要灭亡,但他不愿做陪葬。再者胡亥残暴成性,如他不说是一伙窃贼,胡亥一恼,说不定会将他们都杀掉。这就是他说的虎口。自秦亡到汉立,中间有个极其复杂的过程,你争我夺,十分激烈。虽然在秦国他以法家面目出现,但本质上他是一个儒生,他想实现自己的价值和社会价值,就要学会变通。他的名字就是"通"嘛。

自己的价值不用说。社会价值也重要,作为一个儒生,他要使儒家学说发扬光大。斯时儒学虽是显学,但并不受欢迎。战国是要刀剑说话。秦国看重的是法家。数十年后,董仲舒提出"罢黜百家独尊儒术"后,才确立了儒家的地位,但叔孙通奠定了基础。我们以后将看到他怎样奠定基础。

叔孙通经长安,过洛阳、浚仪(今开封),回到薛县。薛县紧靠风光旖旎的微山湖,距离孔子的家乡曲阜只有二百来里,故而儒生多。史料没有说此时叔孙通的年纪,他目光坚定,而又灵活。

他一踏入薛县,就看见城头上飘扬着"楚"的旗帜,原来此时义军蜂起,项梁、项羽叔父响应陈胜、吴广,杀了会稽太守,渡江西进,占了薛县。好,看来是要改换天地。他当即加入了项梁的队伍。

2

其时,胡亥知道已经不能再骗自己了,派大将章邯前来镇压义军。年底,陈胜身亡,项梁听从军师范增之计,立楚怀王之孙熊心为王,仍称楚怀王。项梁率军击败秦将章邯,斩秦将李由,但因轻敌,在山东定陶被章邯打败,战死。

义军受了大损失。楚怀王迁都彭城(今江苏徐州),叔孙通来到彭城,跟着楚怀王。楚怀王拜宋义为上将军,项羽为次将。令二人率军至巨鹿救赵王歇。同时让刘邦入关,并约定诸将"先破秦入咸阳者王之"。项羽不是久居人下之人。巨鹿之战前,杀掉迟迟不肯向前的宋义。楚怀王命项羽为上将军。

汉王元年(前206)十月,刘邦入关,此前胡亥已被赵高杀死,立了子婴,子婴又杀了赵高,投降刘邦,标志秦王朝灭亡。但刘邦实力比不过项羽。项羽在巨鹿以五万之军破秦军四十万,声名大振。他随后进关,杀了子婴,烧了阿房宫。他对楚怀王不满,佯尊楚怀王为义帝,迁移其到长沙郡郴县。郴县即现在的郴州,当时为蛮荒之地。

叔孙通当然跟着项羽。后项羽让人杀了楚怀王。

自此楚汉战争开始。前205年,刘邦趁项羽在阳城(今山东鄄城北)收拾田荣、田横,迅速东出河南,次年四月又以五十六万人马,三路进军项羽的楚都彭城,彭城为军事重镇。可说是北国的锁钥,南方的门户。刘邦很顺利地攻破彭城。

叔孙通此时正在彭城,又一次变通,降了刘邦。不知道叔孙通此时的官职,很有可能是博士或谋士。手下有一百多弟子和一些善于偷鸡摸狗一类的人。

项羽这才着急,率三万精兵杀回彭城。刘邦却毫无戒备,正在城中恣意享乐,被歼灭大半,只好率人狼狈逃窜。

叔孙通跟着刘邦,回到都城栎阳(今陕西西安阎良区)。对叔孙通来说,几乎是重回旧地(咸阳距离长安四十来里),但换了主人。叔孙通跟随刘邦,极有可能是项羽有厉害的规定,对投降敌人的要给以重处。要说此时就看出项羽最终不能成事,恐怕不现实。就是刘邦也未必知道自己能成事。但项羽比较残暴,巨鹿之战他打胜,将二十多万降卒一夜坑掉。换了刘邦,就不会这样做。

人生两大项:原则与变通,叔孙通拿捏得很到位。一旦跟定了刘邦,就不变。后来跟太子刘盈,也是如此。

有人说叔孙通是标准的有奶就是娘,恐怕指责严厉。当时的环境,首先是要生存,唯有先生存,才能谈到实现理想或梦想。

但农民出身的刘邦喜欢骂人,并不喜欢儒家。常说他妈的他把儒家的帽子摘下里来尿在里面。六十多岁的郦食其去见刘邦,就不肯说是儒生,怕刘邦不见,说是高阳酒徒,刘邦正在由两个女子服侍洗脚,一听说是酒徒,就倒穿着鞋出来相见。郦食其趁势把刘邦教训一顿,问刘邦还要不要夺天下?要天下就不要对长者傲慢。

叔孙通穿着儒服来见,"汉王憎之",但他会变通,回去赶紧把儒生的长衣服脱下来,换上一身短打扮,又来见刘邦,刘邦的嘴就咧开了。

他又推荐原来做过盗贼的勇士给刘邦。刘邦很高兴,他的下属差不多都是市井无赖,包括他自己。

弟子们听说后,很不愿意,背地骂他:"事先生数岁,幸得从降汉,今不能进臣等,专言大猾,何也?"叔孙通听说后,对他们说:"汉王正在冒着矢石争天下,诸生能上前线打仗?故而先言斩将搴旗之士。你们等着,我不会忘记你们。"

弟子们你看看我,我看看你。他们只会逞口才,写文章,不会掂刀杀人。只好相信老师的许诺。

当然,和郦食其相比,叔孙通似乎有些软。换了衣服,变了儒者身份。

其实,叔孙通已看出刘邦只是表面上不喜儒生,或者说不喜欢酸腐儒生。他喜欢有干练才能的儒生。比如郦食其就会出主意。这是一。其二战时也是个因素。等安定下来后,他就会喜欢儒家。因为儒家有一套丰富的核心思想:仁、义、礼、智、信、忠、恕、孝、悌。这是孔子对古历史文化的总结。当然孔子也不会知道中国两千年来,他创立的文化能成为主流。中国传统文化是儒释道三家合流,但总是以儒家为主。尽管偶尔也有偏离,但历史总会将她拉回来。这就是儒家文化的魅力。

刘邦又要东进,留萧何在后方镇守,并筹措粮草,要叔孙通帮萧何。叔孙通很尽责任,忙于粮草和农业。

3

汉五年(前202)正月,刘邦和项羽垓下一战,项羽兵败自刎。刘邦成了胜利者,二月初三,树枝条有些柔软的时候,刘邦就在山东定陶汜水之阳急忙登基称帝。定国号为汉。这是块风水宝地,据说尧帝当年在此居住。因为急,一切皆草草行事。

同时萧何在长安营造未央宫。未央取自《诗经》:"夜如何其?夜未央",未尽的意思。表示江山永在。也有人以为"央"通"殃",没有灾祸的意思。也解释得通。在秦章台基础上修建。宫内还有宣室、麒麟、金华、承明、武台、钩弋等三十二殿。栉次鳞比,绵延二十余里。最高处有三十多长高,巍峨、富丽、堂皇。叔孙通少不了也在积极筹划。可刘邦回来,看到如此豪华的宫殿,就责备萧何太奢侈,说天下大乱,民不聊生,你怎么能建造这样气派的宫殿?萧何道:天子以天下为家,天子的家不宏伟壮丽,就不足以表示他的权威。要让它雄伟到后人无以复加才行。

刘邦一听,点了头。他现在需要树立权威。

原来是一群哥儿们打天下,相互亲昵,平日你拍我肩头,我摸你脸。未央宫主要宫殿建成这天,刘邦设宴庆祝,让众将领都来喝酒。但一番痛饮后,有人醉酒,大叫着比武,就有人举起剑朝崭新的柱子上砍。嚓的一声,一剑下去,柱子上裂了一个大口子。

刘邦皱起了眉头:这样下去不行,需要秩序,需要权威,否则天下不会稳固,也还会乱。无论从个人和社会角度,都需要一套规矩。

叔孙通看出了眉目。他此时被封为博士,号稷嗣君。

有什么办法,让这些人守规矩?把他们集中起来读书,显然不可能。唯一的办法是礼仪。从礼仪上建立权威。何况,刘邦上朝几乎没有什么礼仪。这些人以前都没有在朝廷呆过,他们不懂。萧何知识渊博,但以前也只是沛县的狱吏。张良是贵族,但也没有做过官。只有他叔孙通是待诏博士,也就是准博士。

叔孙通说:"儒者在陛下征战时出不上力,但可以帮助陛下守住得来的成果。微臣愿意带着弟子为陛下制定一套朝仪。"

"这很难吗?"刘邦眼睛一亮。

"不很难。五帝异乐,三王不同礼。礼是因时世人情为节文的。故而夏、殷、周之礼都不一样。臣愿颇采。朝仪可繁可简。微臣可采纳古礼与秦仪杂就之,尽量从简。既要好用,又要简单。"

刘邦道:"可以试试,尽量简化,让我能做到就行。"

不消说,叔孙通心花怒放。他等的就是这一天。他的人手不够用,要回到鲁地招用一些儒生。

叔孙通兴致勃勃回到家乡,招收了三十个人,但有两个人不愿意跟他。两人对叔孙通有看法,说:"先生所服侍的主子差不多有十个,都是面谀得以亲贵。当今天下初定,死的还没有埋葬,伤的还没有养好,又想起用礼乐。礼乐是积德百年后才可以用的。我们不愿意看到先生的作为。先生的作为不符合古时的要求。你去吧,不要玷污我们的名声。"

叔孙通并不生气,笑道:"真是偏僻地方的儒生,不知时变。"

于是带着三十个人回到长安。

就此看,叔孙通的性格特点是圆通,能跟上时代潮流。跟时代潮流要看是否失去做人的本质,倘若首鼠两端是为了作恶,抹去自己的良心,这是要受谴责的。叔孙通不是,他要为儒家做事。千变万变,儒家的本性不变。

白云带子样缠绕在远处的终南山上,渭河岸边的一块空地上,绿草茵茵,有红的、黄的、粉的野花开着;四周数十棵大树,巨伞样的树冠擎着湛蓝的天;树上还有不少鸟儿翻飞伴奏。众弟子和刘邦身边愿意学礼仪的官员,在演练朝仪。何时进,进到什么位置,叔孙通用草绳做了记号,多迈一步也不行。退朝也有规矩,不能一窝蜂一样。

一个多月后,队伍演练完成,请刘邦来观礼。刘邦看了后,相当满意,并说:"我能做到。"

刘邦让朝臣们都来演练。

金秋十月，秦朝以十月为岁首，汉代沿袭下来。到处一派灿烂的图画，溢着喜庆气氛。恰恰长乐宫也建成，长乐宫的辉煌气派不亚于未央宫，在未央宫东，也称东宫。为刘邦的皇宫。

于是正式的朝仪大典就在长乐宫举行。

这天，天未亮，朝臣们就早早起来，来到未央宫。只见有三十五名谒者"掌宾赞受事"，按次序引领朝臣。廷中排列着战车、骑兵，肃立着威严的将官和侍卫，插着十六面黑色的龙旗。

谒者传呼"趋"，就是"小步快走"。于是众官员皆踮起脚，用小碎步快走到位。大殿下面郎中官员站在台阶两侧，台阶上有几百人之多。凡功臣、列侯、各级将官都按次序排列在西边，面向东；凡文职官员从丞相起依次排列在东边，面向西。大行令安排的九个礼宾官，从上到下地传呼。此时刘邦才乘坐"龙辇"从宫房里出来，百官举起旗帜传呼警备，然后引导着诸侯王以下至六百石以上的官员，依次毕恭毕敬地向皇帝施礼道贺。

经过这个阵势后，"自诸侯王以下莫不振恐肃敬"，诸侯王以下的所有官员没有一个不因这威严仪式而惊惧肃敬的。

庄严肃穆的盛大仪式完毕后，方才摆设酒宴大礼。诸侯百官坐在大殿上都敛声屏气地低着头，按照尊卑次序站起来向刘邦祝颂敬酒。

斟酒九巡，谒者宣布"宴会结束"。自朝见到宴会的全部过程，没有一个昔日的草莽们敢大声说话和行为失当。因为不守规矩就要被铁面御史带走。

刘邦很感叹，"吾乃今日知为皇帝之贵也。"

他原来就羡慕秦始皇的盛大朝仪，在咸阳见到秦始皇出行的车队，喟然长叹："大丈夫当如此也。"如今让他知道皇帝之贵的，是叔孙通。

叔孙通此举十分了得。引起后世两个大人物的评议，一个是大史家司马迁："叔孙通稀世度务，制礼进退，与时变化，卒为汉家儒宗。"这个评价很高，他认为叔孙通知变化，与时俱进，为"汉家儒宗"。以司马迁的眼光，能称许叔孙通不容易。但宋代的政治家、史家司马光不赞成，说叔孙通制礼是"徒窃礼之糠秕，以依世、谐俗、取宠"，他指责叔孙通制订礼乐只为逞一时之功，结果使古礼失传。

其实这是过分的指责。司马光是死脑筋,看不惯叔孙通的灵活处事,故而有如此指责。

刘邦拜叔孙通为太常,并赐金五百斤。太常为九卿之一,掌礼乐社稷、宗庙礼仪。等于刘邦把宗庙祭祀交给他。

叔孙通奏道:"臣有不少弟子,跟随臣时间很久。这些礼仪都是和他们一起做成的,望陛下能以他们为官"。当下,刘邦就封了他弟子们做郎官。

叔孙通出殿门后,将黄金分给了众弟子。

叔孙通没有忘记这些弟子不说,还不爱财。这很难得。符合儒家的做人标准。

众弟子得了官,又得了财。一个个喜上眉梢,说:"叔孙通真是圣人,知道时代的要务。"

说叔孙通是圣人,有些高了。但起码可说是贤人。

4

汉高祖九年(前198),刘邦升叔孙通为太子太傅。太子太傅为从一品。高官啊!叔孙通不曾出生入死,也没有智谋百出,得如此高官,可见刘邦重视此人。

刘邦把太子交给叔孙通教育,是看中了他的儒学。刘邦一共有八个儿子。太子刘盈为长子,是刘邦和吕后所生。七岁时就被立为太子。此时刚刚十四岁,唇红齿白,很阳光的样子。对人很仁慈善良,温厚有礼。

太子太傅并不好当,不止是教育太子,也等于把自己的命运和太子绑在一起。太子虽是准皇上,但只要没有登基,就会有变化。这事后面说,至少眼下刘邦不想改变刘盈的命运。

这天,刘邦令人将刘盈传到殿内,指着叔孙通说:"这位就是我为你找的师傅,你师傅本事很大,我儿今后要跟着师傅好生学,照师傅的话做,切莫偷懒。"

刘盈连连称是,向叔孙通行了三个大礼,叔孙通急忙还礼。按照拜师的规矩,刘盈还送了帛、酒和脩。脩就是干肉,孔子那时订下的规矩。

就此,定下了师徒关系。

以后每天见面,太子都要先向叔孙通行大礼,这标志对老师的尊重。

第二天,叔孙通就对刘盈说:"先贤圣哲之言,乃立世之本。殿下聪慧异常,当背诵圣言。自圣言中体悟人生的道理。读书是很苦的,要从五六岁就开始。这叫童子功,和武功一样,要从小练起。殿下错过了时机,就要加倍读起。以后没有假期,每天要寅时起床,诵读《四书》、《五经》中的指定章节,能否做到?"

刘盈响亮地说:"能。"

叔孙通笑了。

叔孙通又问:"殿下是否知道为何要读圣贤的经典?"

"就是要做圣贤一样的君王,比如像尧舜一样为民。"

"好好,这些话是臣下准备说的。既然殿下已知晓,就不用老臣再啰唆。今日,老臣先教殿下《礼记·典礼上》。然后殿下可读一百二十遍,要会背诵。再由老臣讲解大意。读书之后,殿下要写三篇大字。"

刘盈称是。

"《典礼》曰:'毋不敬,俨若思,安定哉。安民哉?……'"叔孙通读了一遍。接着刘盈读,刘盈悟性高,记性好,很快就朗朗上口,倒背如流。

叔孙通很高兴,为刘盈讲解说,敬是自我警惕约束,俨是端庄持重。辞是说话。就是做一切事都要自我警惕约束,态度端庄持重而若有所思的样子,说话要安详确定,这样才能使人信服……

过了数天,叔孙通问刘盈:"殿下可知道,孔子说要仁,那当今天子和楚霸王争天下,血流成河,是仁还是不仁?"

刘盈想了想,答不上来。

叔孙通道:不要紧,晚上回去慢慢想。

刘盈果然也是聪明,翌日就对叔孙通道:"师傅,我想是仁。当今天子救百姓于水火之中,剪除元凶,荡涤污秽,是大爱于天下。"

叔孙通禁不住大声说,好。殿下果然禀赋异常,不仅会背诵,还能融会贯通。

一日,叔孙通见了刘邦,说起刘盈,叔孙通连连夸奖。并说了刘盈说刘邦征天下是大爱于民。刘邦听了,捋着胡须笑骂道:他娘的倒会说。不过也是你这老小子教得好。"

两三个月后,刘盈对叔孙通说:"我好像比以前充实了,觉得有种气在身体内运行。"

叔孙通道:"这样好,儒家要的就是充沛天地的浩然之气。"一会儿,刘盈又问:"先生见过秦始皇吗?"

"见过。不过殿下还是不要学秦始皇,老臣愿殿下成为明主,以民为本。"刘盈点头。

一天,刘邦问刘盈,你的这位师傅如何,都教了你些什么?

刘盈道:"师傅学富五车,儿子学了很多东西,都是教人向善。"刘邦点点头,但又说:"向善是好,可人心也有不向善的。一味向善,看不到别人的恶,也不行,尤其是一个君王。"

刘邦这话也不是无的放矢,一是刘盈过于柔仁,一点也不像他,更不像吕后。吕后手段阴狠。二是他的臣子中有不少不老实的,他要时时提防着他们。

5

汉高祖十一年。

刘盈学业有了极大进步,太子地位却有动摇。

刘邦有七八个夫人,吕雉是第一个。刘邦还是亭长时,十八岁的吕雉嫁给了他。他已经三十五岁。后随刘邦征战,此时已经四十六七,就是再打扮,也比不过年轻的戚夫人。戚夫人不仅年轻,有天仙般地貌美,还会鼓琴、歌唱、跳舞,在刘邦面前尤其唱得好、跳得好。身穿鲜艳的服装,舞起长长的袖子,旋转着身子,再伴以清亮的歌喉,不要说刘邦,即便任何一个男人,也会着迷。

刘邦此时不喜欢吕雉还可说,但连刘盈也不喜欢,说刘盈不像他一样果敢。他喜欢戚夫人为他生的儿子刘如意。此时,刘如意只有六岁,被封为赵王,他看见就高兴。加上戚夫人的枕头风,刘邦产生了废刘盈太子的想法。

第一个不同意的是吕雉。刘如意要做了太子,吕雉就会倒大霉,甚至会被除掉。刘盈也会被除掉。这是她万不能答应的。虽然她有理由反对,比如说刘盈是长子啊什么的,但她不敢明确表示反对。她需要的是计谋。

第二个就是叔孙通。

叔孙通要反对,一是出于自身,废了太子,一般来说太子太傅也不会有好果子吃。二是为社稷。刘盈是长子,立幼不立长会产生动乱。这是历史规律。

也有很多大臣反对,可刘邦不是个会轻易改变主意的人。

吕雉不是一般角色,刚毅决断。但面对刘邦,她也无计可施。有人对她说,要她问计于张良。吕雉就让她哥哥吕泽胁迫张良:"先生一直是皇上的谋臣。如今皇上要换太子,先生能睡得安稳?"

张良说:"皇上用臣的计谋是在急难时,如今天下安定,想换太子。这是骨肉之间的事,就是有像臣这样的百余人又有何益处?"吕泽不罢休,强要张良出主意。

张良想了想说,有四个人,都是老者。这四人都以为皇上轻慢人,逃到山上不为汉臣。但皇上很看得上这四人。如今你要不爱金玉璧帛,让太子写上书信,着一能辩之人去请他们下山。当做客人对待,随着入朝。皇上见了一定会奇怪,会有帮助的。

吕雉依照张良的计谋,请四人下山,住在吕泽府上。

是年,淮南王黥布反。黥布和韩信、彭越被称为刘邦的三大名将,以安徽六安为都城,见刘备诛杀了韩信、彭越等,心里惶恐,就造起反来。刘邦此时身体有病,欲令刘盈带兵平叛。

四位老者商量说,我们来就是保护太子的。倘若太子带兵,就很危险。就对吕泽说,太子带兵,有功对太子也不会有益,无功就会有祸。而且这些将领都是皇上的枭将,让太子带,无异于羊将狼。都不会尽力,无功是一定的。皇上一定会换太子,何不请皇后在皇上面前如此哭说:黥布是天下的猛将,善用兵。如今主将都是皇上的平辈,让太子带兵,和羊将狼一样,不会听话的。而且黥布也不害怕。皇上虽然有病,但勉强坐在车子里,诸将不敢不听话。

于是吕泽连夜见吕雉,说了四老的话。吕雉也马上在刘邦面前哭诉。

刘邦听了,也就不让刘盈去,自己亲自带兵征讨黥布。

刘邦东进的这天,群臣相送至霸上。张良也有病,但还是来送。张良对刘邦说:臣应该跟随皇上,但臣病得厉害。黥布很彪悍勇猛,皇上不要和他争锋。刘邦点头,张良又说:可以让太子为将军,监关中兵。刘邦点头说,子房虽然有病,但可以为太子老师。当时叔孙通为太傅,就让张良为少傅。

次年,刘邦征黥布回来,被流矢射中,病得更厉害,想换太子的心也更浓。张良劝说也不顶用。

这天,刘邦正在宫中,太监禀报说太子太傅叔孙通要见陛下。

叔孙通来到刘邦面前,刘邦不高兴地问:卿有何事?

叔孙通跪奏道:"昔者晋献公以骊姬之故废太子,立奚齐,晋国乱者数十年,为天下笑。秦以不蚤定扶苏,令赵高得以诈立胡亥,自使灭祀,此陛下所亲见。今太子仁孝,天下皆闻之;吕后与陛下攻苦食啖,其可背哉!陛下必欲废适而立少,臣愿先伏诛,以颈血污地。"

叔孙通用历史上曾经发生的两个故事劝谏刘邦。晋献公是春秋时晋国的国君,也很能干。但喜欢骊姬的儿子奚齐,发生了骊姬之乱。秦始皇是没有及早确定扶苏为太子,让赵高用诡计立胡亥,结果灭亡。太子刘盈极为仁孝,吕后和陛下一同征战,吃苦受劳,能背弃她吗?叔孙通最后以死相争说,倘若陛下定要废掉合适的而立小的,臣愿意先让陛下杀掉,用脖颈上的鲜血污染地面。

刘邦没有想到一向圆通的叔孙通会如此坚决,就笑道:"先生切莫如此,朕说换太子只是戏言。"

叔孙通还不放过,肃然道:"太子为天下之本,本一摇天下就会振动,奈何以天下为戏言!"

刘邦点头说:"吾听公言。"

叔孙通这才退出。

但刘邦并不死心。

有天宴会,是刘邦的寿辰,太子带着四个老人来,刘邦看见后很奇怪,就问你们是什么人?

四老者回答:东园公、角里先生、绮里季、夏黄公。

刘邦大惊:"寡人求你们数年,你们都逃避寡人,如今你们如何跟随寡人儿子?"

"陛下轻视侮慢儒生,我等义不受辱,故而躲避离开。如今听说太子仁孝,恭敬儒生,天下人都愿意为太子死。"

刘邦这才死了换太子的心,他召来戚夫人,指着"四皓"背影说:"我本欲改立太子,无奈他已得四皓辅佐,羽翼已丰,势难更动了。"说罢,长叹一声,戚夫人也凄楚不已,随后,刘邦让戚夫人跳楚舞,自己则借着酒意击筑高歌。

6

十二年四月,刘邦病逝。十六岁的刘盈即位,为汉惠帝。

刘盈慈善,权力在吕后手中。吕后狠狠报复了戚夫人,先毒死了刘如意,又令人斩断戚夫人手脚,挖去眼睛,熏聋她的耳,又迫她喝下哑药,丢入厕中,叫做"人彘",制造了极其恐怖的宫中气氛。

刘盈因为先帝陵园和宗庙的仪礼,臣子们都不熟悉,就以叔孙通为太常,制定宗庙仪法。后来又制定其他仪法,故而有"汉诸仪法,皆叔孙生为太常所论著也"的说法。

吕后住进长乐宫,刘盈要去朝拜吕太后,还常有小的谒见,每次出行都要开路清道,禁止通行很是烦扰人。于是就修了一座天桥,正好建在未央宫武库的南面。

叔孙通听说后,以为不妥。这天向刘盈上奏道:"陛下怎么能擅自把天桥修建在每月从高寝送衣冠出游到高庙的通道上面呢?高庙是汉朝始祖的所在,怎么能让后代子孙登到宗庙通道的上面行走呢?"

刘盈听了大为惊恐,说:"赶快毁掉它。"

叔孙通又说:"做君主的不能有错误的举动。既然已经建成了,百姓全知道这件事,如果又要毁掉这座天桥,那就是显露出陛下有错误的举动。希望陛下在渭水北面另立一座原样的祠庙,把高帝衣冠在每月出游时送到那里,更要增多、增广宗庙,这是大孝的根本措施。"

刘盈就下诏令另立一座祠庙。

对于此举,后来的司马光很不以为然,他以为叔孙通的建议是文过饰非。他的主张是拆掉天桥。

春天到了,遍地的樱桃结满了果实,红溜溜的。刘盈到离宫出游,叔孙通又道："古时有春天给宗庙进献樱桃果的礼仪,现时正当樱桃成熟的季节,可以进献,希望陛下出游时,顺便采些樱桃来献给宗庙。"刘盈答应下来,并真的让人采摘不少献给高庙。

后来进献各种果品的礼仪就是由此兴盛起来。

约前194年,叔孙通病逝。

我们尽可以说叔孙通不是儒家正宗,但没有叔孙通,儒家很可能连不是正宗的东西也不知会到哪里去了。依我看,司马迁理解叔孙通:"'大直若诎,道固委蛇',盖谓是乎?"最正直的好似弯曲,事理本来就是曲折向前的,大概说的就是这类事情吧?

这是司马迁从叔孙通身上的哲学总结。叔孙通是弱者,他只能曲折前行。

他作为汉代第一个太子太傅,教授太子时间不长,但是成功的。虽然刘盈时期,朝政为吕后所控制,但叔孙通是尽力了。不过这也说明一个道理:无论何种教育,终不是万能的。它只能影响人。不能改变人的性格。像刘盈,无论怎样也做不到吕后那样的杀伐决断。

贺知章
（中唐 659—744）

唐玄宗时，先为太子侍读，教育六岁的太子，建立深厚师生感情。后任太子宾客。诗人、书法家，性情旷达豪放，善饮酒，与李白、张旭等交友。被杜甫称为"饮中八仙"。唐玄宗很喜爱此人，八十六岁辞官归家时，令太子率百官饯行。

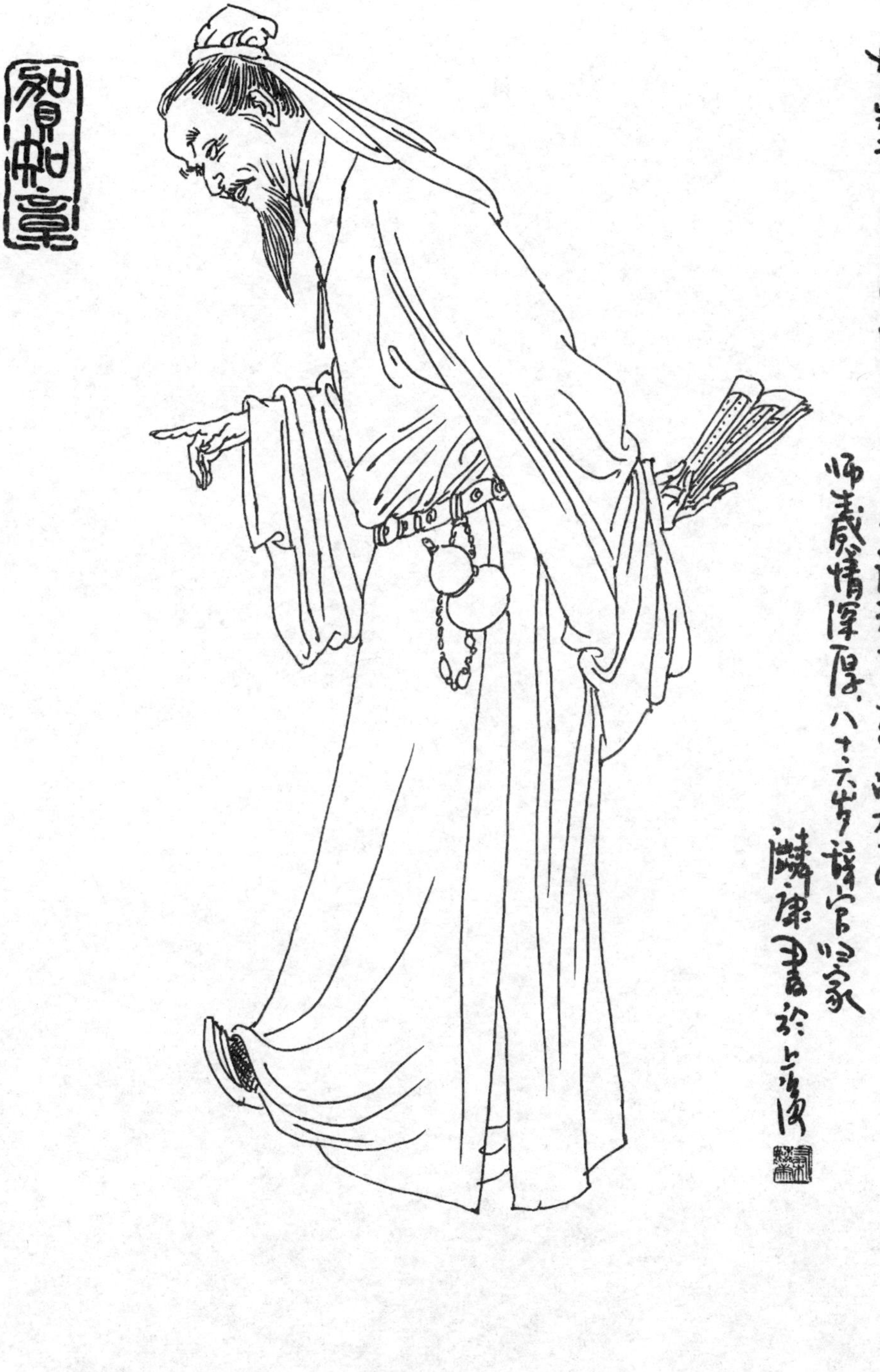

贺知章，唐玄宗时先为太子侍读，教育太子师生感情深厚，八十六岁辞官归家。

麟徕书于上海

贺知章

贺知章，就某些方面来说，几乎是个传奇，八十多岁，还在朝中为太子宾客。因潇洒一生，看上去只有七十。还有些狂，晚年自号"四明狂客"，四明是家乡的四明山。和朋友饮酒，一定要大醉，一定要作诗，一定要手舞足蹈，还要在粉白的墙壁上挥笔狂书一通。他诗好，字也好，诗仿佛和酒相伴，酒进去，诗就汩汩而出。

杜甫的《饮中八仙歌》把他放在首位，"知章骑马似乘船，眼花落井水底眠"。杜甫一向皱眉头，开怀的时候少，这首够酣畅淋漓。贺知章浙江会稽（绍兴）人，此地水多，自小就乘船。水底眠，夸张了。但很好。写尽了贺知章狂放的姿态。

放首位，一是他年岁大，二是他是八仙中的首领。虽然内中有不少官比他大，有王，有相。这个问题以后说。

毛泽东对贺知章很有兴趣，1958 年 2 月 10 日，夜不能寐，专门写信给刘少奇，探讨贺知章一诗中的女儿是谁的女儿，并称贺知章胸襟洒脱。

"少小离家老大回，乡音未改鬓毛衰。儿童相见不相识，笑问客从何处来"，千百年来传唱不衰，并且还要继续传唱下去。她通晓明白，传达了游子久别故乡归家后第一时间的信息密码。

1

贺知章，字维摩，一字季真。母亲是二婚，兄弟多，他排行老八。亲近的人都称他贺八。三十七岁这年，自越州永兴乘船，经湖湘至京，中了进士。很大的年龄了，但比范进还算年轻。再说贺知章活得岁数长，也不算晚。此时为 695 年，武则天证圣元年。野史说他是第一名，状元公。

富有激情,又性情外露,喜欢交友。很快有了吴中四友:张旭、张若虚、包融。四人或诗或书,均名冠当时。张若虚《春江花月夜》空明清澈,至今传唱不绝。张旭的书法以狂草著称,独步书坛。后来和李白的诗、裴文的剑舞被誉为"三绝"。张旭善饮,狂放,醉后大叫,捉笔一挥而就,立时满纸云烟,熠熠生辉,甚至以头濡墨,抓住长发狂写,因号张颠。和后来的和尚书法家怀素并称"颠张醉素"。

贺知章和张旭比,不算最狂。但浑身上下透着潇洒、爽朗。《旧唐书》说他:性狂放,善谈笑,当时贤达皆倾慕之。

此时贺知章为何官职,不可考。但升迁很缓慢,直到换了个朝廷——睿宗,才有了变动。延和元年(712),授予国子监下的四门助教。从八品。贺知章已经五十四岁。一般人快该退休了。

次年朝廷有大变动。雄才大略的李隆基为皇帝。睿宗将皇位让给儿子李隆基。两年前,李隆基和姑姑太平公主发动政变,将韦皇后一派消灭,扶睿宗上台。这年七月,李隆基又突然出手,将太平公主一网打尽。改年号为开元。在历史上很有名声的"开元盛世"开始。

李隆基前期很能干,后期相当糟糕。

这一年贺知章为四门博士,又为太常博士。宰相陆象先是贺知章族姑的儿子,比贺知章小五六岁。兄弟五人都为官。他称赞贺知章:"贺兄言论倜傥,真可谓风流之士。吾与子弟离阔,都不思之,一日不见贺兄,则鄙吝生矣。"

陆象先和别的子弟分离,都不想念,唯有贺知章,一天不见就心生浅薄,自己连自己都讨厌起来。可见贺知章心地光明。陆象先不会是谬赞。两人都很正直。不久,陆象先为益州大都督长史。毕竟陆象先是睿宗的人。

太常博士,掌管祭祀的官员。比较闲散。

2

两年后,就是714年,对贺知章有大意义。先为户部员外郎。后为陕王侍读。陕王就是后来的肃宗。李隆基的第三子。此时六岁,被拜为安西大都护、安抚河东、关内、陇右诸藩大使。其实就是名义，并不出京。皇子们都住在安国寺东附苑城的十六王宅中。十六王宅是原来的十王宅，专门供皇子们居住的地方。唐王室争夺皇位激烈，不知哪位高参出主意，让皇子们集中居住，便于管理。

第二子李瑛上年被立为太子。

同时作为侍读的还有潘肃、吕向等人。数人中，贺知章年龄最大。

六岁的孩子懂什么，只有先对他讲故事。贺知章不会说北方话，一辈子就是绍兴话。听不懂没关系，多说几遍。讲帝王的故事，既讲汉刘邦如何斩蛇起兵，又讲汉武帝的丰功伟绩。当然更多的是唐高祖李渊以及他的子孙们的辉煌业绩。贺知章很会讲故事，他眉飞色舞，变化多端。有时故意隐去主人公的名字，但又有所提示，让小李亨猜。或者故事正在热闹处，他要教李亨识字写字，等识了写了若干字后再把故事讲起，把李亨的心撩拨得痒痒的。

有次李亨问他，先生为何一肚皮故事？

他笑道，都是酒变的。

作为皇子，要懂得很多礼仪，贺知章也要一一教导。

开元七年，李隆基要太子李瑛到国子学行齿胄之礼。仪式很隆重，要三拜师傅，献上一筐帛，一壶酒和一束脩。贺知章也带着李亨参加了。是接受教育的好机会。

但最多的是如何做人。李隆基倡导以孝治天下。贺知章就教李亨认识《孝经》上的字，背诵《孝经》。倒不是说贺知章紧跟李隆基，他也认为百事孝为先，孝为德之本。

"陕王殿下，今日讲三国。"贺知章温柔又慈祥。

李亨一听来了精神。他很喜欢三国的人物，曹操、诸葛亮、孙权……贺知章却话锋一转："改日再讲刘、关、张，今日让殿下认识江夏有个叫孟宗的。他自小就没了父亲，家里很贫穷。母子相依为命。母亲年老后，想吃什么他都想办法给弄来。有次老母病重，大雪漫天想吃竹笋。他到哪里去弄啊？他跑到竹园里大哭，哭他不能尽孝道。但哭着哭着，雪融化了，冒出来了很鲜嫩的竹笋。孟宗喜出望外，掰下来回去煮了让母亲吃，母亲的病竟好了。"

李亨的脸红红的，说：我定要向孟宗那样尽孝道。

贺知章道:要尽孝道也不容易。孟宗就是感动了上天。殿下一心一意尽孝道,或许也会感动上天。他余下的话没有说,他的意思是会感动上天成为太子。李亨还小,不能这样对他说。太子是李瑛的,万一传出去不好办。做皇子老师步步要小心。

这天,他又要李亨把孝经中的"身体发肤,受之父母,不敢毁伤,孝之始也。立身行道,扬名于后世,以显父母,孝之终也。"写大楷十遍。

李亨写得很认真,李隆基喜欢他,就是因他好学。他写了几个字后,抬头看老师,只见贺知章坐在窗下沉思,仿佛换了一个人似的,一动不动。

恰好,翌日李隆基来看李亨学习,见到李亨写的大楷,有些王羲之的味道,连连点头,"说好。孝道就要自小讲起。"又对贺知章道:"先生可将教导我子的文章和办法写下来,在皇子中传阅。"

贺知章点头称是。

后来李隆基还两次亲注《孝经》颁示天下,并为《石台孝经》写了序,刻石至今仍在西安碑林。贺知章善书,更善草书。他用草书写了《孝经》,他不是狂草,而是今草或称小草,点画激越,虚实相间,连绵不断,略带隶意,气息高古,落笔精绝。贺知章传世作品有两件,这是唯一一件草书。字里行间流露出风流倜傥、狂放不羁的浪漫气息。

有张旭这样的朋友,他不可能不写草书。草书更适合他的个性,只是年代久远,已考证不出他在何种状态下书写的《孝经》了。不过,只要吃鸡蛋就行,不一定要关心母鸡是如何下的。

据说贺知章尤喜好在饮酒中乘兴书写诗文。据说写前他问有几纸,报说十纸,纸尽语亦尽;报说二十纸、三十纸,纸尽语亦尽,直到纸尽方止。后来李白在《送贺宾客归越》诗中将其喻为王羲之:"镜湖流水漾清波,狂客归舟逸兴多。山阴道士如相见,应写黄庭换白鹅。"员外郎卢象则喻其为王献之。

时人还将其草书与秘书省的落星石、薛稷画的鹤、郎馀令绘的凤,合称为秘书省"四绝"。

转眼就做了侍读四年,开元八年三月,阳光明丽,万木争春。李隆基心里高兴,命许景先、苏颋、贺知章等相随出外郊游。许景先是一名知制诰,以文翰见称。苏颋为紫微黄门平章事,工诗。时人称为"燕许大手笔"。

李隆基在高力士搀扶下,登上高台,众人也急忙相随。极目四处,心旷神怡,高耸的华山隐约在山岚里,终南山历历在目。

"暇景属三春,高台聊四望,目极千里际,山川一何壮……"李隆基高声吟了起来。

皇上刚吟完,贺知章在击节赞赏同时,高声道:"青阳布王道,玄览陶真性。欣若天下春,高逾域中圣……"

跟着,许、苏二人也各自吟了一首。

应景之作,说不上好。最好的是他的《咏柳》,"碧玉妆成一树高,万条垂下绿丝绦。不知细叶谁裁出,二月春风似剪刀。"

放在古今咏春的诗句中,毫不逊色。说春天美,不说美。只说杨柳像个美人,但没有一个美字,只是"高"字、"垂"字,活脱脱的形象出来了。

可惜流传下的诗不多,只有十九首。

3

开元九年,贺知章为秘书少监,掌管经籍图书。五年的侍读,让他和李亨的感情很深,此时李亨已十一岁,简直不愿离开这个故事多,性情随和的老头儿。

长大后的李亨仁义谦和,直到李瑛的太子被废后,他才为太子。能一直等待,和贺知章的教育有很有关系。

翌年闰五月,兵部尚书张说到朔方军巡边,李隆基举办了大规模的饯行,朝臣都来相送。宴席上李隆基又作了一首诗,跟着朝臣们都作了一首。贺知章也做了一首。李隆基此时喜欢作诗,大概以为他的诗天下第一。

贺知章和张说不错。张说是个文人,文章高手,又有干才,李隆基为太子时的侍读。睿宗时就是宰相,后得罪太平公主,保护过李隆基。太平公主挑拨睿宗父子的关系,张说为李隆基说话。

九月,张说归朝,为丽正殿修书使。荐贺知章等入该殿书院,参与撰修《六典》、《文纂》等书。不知何故，书未成。转太常少卿，为正四品。是年六十五岁。

开元十三年(725)四月，对文人们来说有件大好事。丽正殿改为集贤院。内有学士、侍读学士、修撰等十八人，掌管天下学校、名士、阴阳、祭祀等。宰相张说为总管，首荐秘书外监徐坚、监察御史赵冬曦、贺知章为学士。徐、赵均为张说的老朋友。贺知章是名士集团的代表。

一日之间，同为礼部侍郎、学士。两次谢恩，引起不少人艳羡。

宰相源乾曜对张说说："贺公既是侍郎，又为学士，很见荣耀和宠爱。可两个哪个更美？"张说笑道："侍郎是士大夫的选择，不过也只是一个备员充数的官；学士怀藏先王的治国之道和国家纲纪、法度的典籍，并懂得怎样运用它。这就是侍郎和学士的差别。"

源乾曜点头。

每个学士李隆基都写有鉴定性赞语，贺知章的赞语是：礼乐之司，文章之苑，学艺优博，才高思远。

李隆基要画工为十八学士画像。

可以说十八学士就是李隆基的秘书团队。

是年十月，李隆基要到东岳泰山封禅。泰山不是很高，但是五岳之首。能到泰山封禅，是太平盛世的象征。也有君权神授的意思。据说历代有七十三王去过。但历史记载只有十二位皇帝。唐高宗也就是李隆基的祖父去过。贺知章不能不去。礼部专管祭祀的礼仪。

队伍很庞大，不仅有百官、贵戚，还有外国使节。浩浩荡荡南下至沧州、德州到泉州（今济南）。到了泰山脚下，群臣都在谷口等待。

李隆基和张说、贺知章等少数人上到半山腰的上斋宫小憩。李隆基问贺知章："爱卿看如何安排妥当？"

"陛下享君位于山上，群臣祀臣位于山下。这是历来的大礼数。陛下和宰臣及典礼官上山，其他均在山下。"贺知章奏道。

李隆基点头："朕正是这个意思。"众人拥着李隆基登上峰顶。山风猎猎，饱览山下，汶水如带子样在山下飘，平日很高的山都缩下身来，真如杜甫后来诗中所说，"会当凌绝顶，一览众山小"。

是日，筑了五色土坛，仪式极为隆重。贺知章听着乐师们奏着自己所做的乐章，心里充满甜蜜。三献之后，贺知章高声宣读了诰文。随后一改过去秘而不宣诰文的习惯，将为天下苍生祈福的诰文公布天下。举国皆喜。极有可能是贺知章的劝说，资料显示贺知章对李隆基说，过往皇帝之所以秘而不宣只因都是为自己长命百岁祈祷。

这是贺知章第一次也是唯一一次登临泰山。泰山的雄伟让他的胸怀更博大。

比较有意思的是，1937年，将军马鸿逵在泰山发现了这次封禅的玉册祷文。

不久又升贺知章为太子右庶子，并充侍读。又成了太子李瑛的侍读。

李瑛、李亨和诸皇子都在崇文馆读书。李瑛二十岁，对李瑛的讲经，就可以放开些。相隔四年，李亨也长高了不少，重又见到老师，分外高兴。李瑛性情温和，对贺知章也很好。

贺知章把讲经放在前面，穿插《史记》、《汉书》，学子们读得津津有味。

崇文馆十天放一天假，叫"旬假"。另外每年五月和九月分别有长假。五月叫田假。九月叫"授衣假"。也有考试，如旬考、岁考等。

一天，忽然来了诏令。睿宗的第四子岐王李范薨，要贺知章挑选挽郎，就是拉灵车唱挽歌的。这个任务不大好办。挽郎要六品以上年轻的公卿子弟，愿意当挽郎的挤破头，可人数有限。要谁不要谁都是头疼事。

《唐语林》说，贺知章收了贿赂，名单公布后，被淘汰的人都说不公，跑到礼部闹事，还有威胁说要揍贺老头，吓得吏员们赶紧把礼部大门关上。闹事者围在衙门外高声叫骂，还有不少看热闹的。贺知章怕影响不好，忙端把梯子爬上去，趴在墙头上说："诸君且散，见说宁王亦甚惨淡矣！"

意思是：各位先生暂且回家去，听说宁王（唐玄宗的大哥李宪）的情形也已经很危急了。言下之意，这一次各位虽然未能选上，可是眼看就要为宁王治丧了，不是还有机会吗？

玄宗李隆基是睿宗的三子，"三郎"发动政变要睿宗当上皇帝，后又转让给"三郎"。也可说是宁王让出了太子的宝座。故而宁王死后，李隆基特地追谥其"让皇帝",治丧的规格高,挽郎要一百二十人。

这个事情处理得不好,可说是贺知章一生中的小缺点,被转到工部为侍郎。如果换上别的朝廷就很难说了。比较起来,侍读是个高风险的职业,升迁快,下来得也快。和后来的侍读比,贺知章一生没有大波折,就是这一次。

也有人说没有这样的事。我估计有,都不是完人。但要说他会很贪,我不信,只是弄几个酒钱罢了。

4

这年秋天,秦中大地,连绵苦雨,让一个诗人愁眉不展连连吁叹。诗人是孟浩然,湖北襄阳人,小贺知章三十岁。游历京城,想做官。诗风自然,不事雕饰。曾在太学赋诗,惊动学府。无奈科举落第,李隆基又不大喜欢他。心情很是灰暗,邀了袁仁敬、贺知章喝酒。袁为左丞。孟浩然很悲伤,想回襄阳。

三人畅饮一番之后,孟浩然吟道:"苦学三十载,闭门江汉阴……",然后将诗写下来送给二人,诗名是《秦中苦雨赠袁左丞贺侍郎》。贺知章也曾向朝中举荐,但不被见用。贺知章想让孟浩然下次科考再试,可孟浩然摇摇头,他决计要离开这里。不过,孟浩然还是听了贺知章的话,又来考了一次,再次落第。

贺知章名气大,文章好,书法又绝,慕名来要写墓志铭的很多。还是太常博士时,就为给事中戴令言写墓志。戴令言是神童,但性格孤傲,好投壶、挽强、击刺,喜占卜、老庄;不参加科举。有的地方很类似贺知章,或者说二人心意相通。为这种人写志,他乐意。有些难免是应酬,是请他的,都托着关系,又不便推脱。好在都有一笔丰厚的润笔费。近些年来竟出土将近十块贺知章撰的墓志铭。表明他实际写的数量,应是很惊人。

但更多的时候是和朋友喝酒、作诗。史书说他"晚年尤纵诞,不复规检",也就是不守规矩。其实这正是文人的特性。比如魏晋竹林七贤。

传说他和右率府长史张旭有次下朝后，相约到一酒家喝酒。京中知名酒家已喝遍，他们寻到一偏僻之地，见有一"越醪酒家"酒幌，不由大喜。贺知章是越人，最喜欢绍兴的酒，京中却很少有越人来开酒店。

　　两人进店坐下，可人的越女端来了精美的酒菜。当下开怀畅饮。几个时辰之后，身边的空酒坛一个挨一个。

　　贺知章本来就好言谈，此时更是滔滔不绝，再说见了老乡，就如大江奔流了，"姑娘，你们为何在京城开酒店？"

　　姑娘见问，立时红了眼圈，说自己的父亲原来也是一位举子，但数次科考未中。父亲是那种不到黄河心不死的人，越考不上他越要考。后来把她母亲接来，他继续考，无奈还是不中，最后连病带气，死了。她们母子无钱回乡，向人借了本钱，在此开店，勉强度日。贺、张听了，只是摇头叹气，想资助几个，摸了一把身上，竟没有带分文。贺知章笑道：我们是老乡，本想资助一二，不想连酒钱也不能付。姑娘倒爽朗，转身又抱出两坛说，既是老乡，没有钱不要紧，就算我们母女请你的。贺知章很感动，两人将酒饮完，摇摇晃晃，站立不稳。贺知章让姑娘拿笔墨出来，见店堂后壁雪白一片，就在上面龙飞凤舞十字：小店雅趣足，老酒醉人多。那时在雪白的粉壁上笔墨淋漓是时尚。客家当然欢迎，尤其是大书家。

　　写罢，两人皆哈哈大笑。贺知章又说张旭：你这当代草圣，也留下墨宝。张旭也在巷口处大书：此酒只应天上有，人间难得几回尝。

　　数天之后，来此喝酒的人应接不暇，小店生意兴隆起来。

　　730年，贺知章已经七十二岁，但看上去只有六十出头，走路依然风快，出语也像风。六月，天热得如同下火。表弟陆象先赴荆州，张说和他同去送陆象先，陆象先对贺知章说：朝中乃是非之地，表兄口无遮拦，当小心为妙。贺知章知道陆象先说的是李林甫，就点了点头。张说和贺知章都作诗相送。张说的诗名是《同贺八送兖公赴荆》，贺知章的没有保留下来。

　　贺知章存诗少，和他洒脱个性有关，随作随丢。

5

张九龄和张说差不多,也是个倔老头,才学超群,但不买奸人的账。开元二十一年为相。奸人是李林甫。李隆基很欣赏李林甫,李林甫会说,会巴结,能把死人说活。安禄山连李隆基都不怵,但怵李林甫。李林甫给张九龄使绊儿。

张九龄有几个事都不听李隆基的,李隆基有看法。李隆基到洛阳玩,金秋之季想回长安,张九龄说正是农忙,勿要扰农。一行人正在行走,李林甫装作脚疼,故意落在后面,说,免百姓税赋不就行了?

李隆基感觉李林甫比张九龄头脑活络,就免了张九龄。此时为开元二十五年。

张九龄和贺知章是朋友。后来张九龄有些歉意地对贺知章说:我事情多,没有给你升迁。

贺知章素来诙谐,笑骂他两句。其实贺知章知道自己已过了升迁的年龄。

李隆基早已对赵丽妃厌倦,宠幸了武惠妃,武惠妃想让自己的儿子为太子。赵丽妃是太子李瑛的母亲,李隆基架不住武惠妃的枕头风。早在开元十三年就想废太子,张九龄等劝说才没有废。李林甫看出了门道,就要人对武惠妃说太子要和另外两个王合谋造反,李隆基大怒,立时废了太子。

翌年六月,李亨为太子。对李瑛来说不幸,但对李亨是幸事。

贺知章为太子宾客,银光禄大夫,正授秘书监。此时他已经八十岁。能得到升迁,是李隆基的见爱,也是盛唐的一个标志。

侍读一般的规矩是从一而终,要倒霉一起倒霉,要升迁一起升迁。贺知章能先事李亨,后事李瑛,转过来又为李亨的属官,可见李隆基还是有点心胸。

但也是因人而异,左补阙兼侍读薛令之就没有这样的好运,长久得不到升迁,将怨言写在墙壁上,不知是李隆基还是李亨看见了,让他徒步回了家。

说明东宫的属官升职慢,太子的地位很微妙,属官当然也跟着微妙。

太子宾客已经不教书,只是掌管礼仪、规劝。很闲。

天宝元年,也就是742年。贺知章八十四岁。这一年,大诗人李白来了。不过当时还说不上是大诗人,在为仕途发愁。贺知章比李白大四十岁。

比较起来,贺知章更喜欢李白,那狂放不羁的劲头有几分像他。李白好与道士、和尚结交,贺知章也喜欢道士、和尚。李白任侠,他少年时候也是如此。

李白自四川到京城碰上了不少白眼。他投诗拜谒权贵,没有人理他。就在此时,贺知章约李白出来喝酒。他也接到了李白的《乌栖曲》,觉得好是好,但还不够雷人。

李白听说喝酒,脸上放出了光。

两人进到一个庵内,这里的酒是糯米做的,还放有桂花,大老远就芳香扑鼻。李白遇到不少冷眼,没有想到老先生会这么看重他,先敬贺老先生三大杯。贺知章一饮而尽,连赞:好酒好酒。

李白自号青莲居士。酒至半酣,贺知章道:"听说居士极有才华,诗写得不错。可否展示一二?"一向张狂的李白却谦虚起来:哪里哪里?不才有首《蜀道难》,正要请先生指教。随即向店小二讨来纸笔,写道:噫吁戏,危乎高哉,蜀道之难难于上青天!……

贺知章看了第一句,就出口称赞。李白边写,他边看,边喝酒。看到后来,连酒也忘记喝了。他被李白的才气征服了。"天下奇才,天下奇才。公非人世之人,莫非太白星精耶?老朽定向皇上举荐。来酒来酒!"店小二说酒资已完,他顺手摸出腰带上佩戴的金龟,递给店小二,"这个能否换酒?"店小二忙摇手道,这是官员上朝必要佩戴的物件,不可不可。贺知章手一摆:换酒。

于是又上了酒,一老一少喝得歪歪斜斜出门去了。

自此留下"金龟换酒"的美好传说。贺知章和李白的名声都出去了。贺知章又向李隆基推荐了李白,李隆基见过李白的诗,并听见了传说,就诏来李白,当面考试一番,见确为大诗才,就授其为供奉翰林。

后来贺知章、李白、张旭等总在长乐坊这个店喝酒,此地被叫做"八仙酒庵"。后人还刻了石碑纪念。杜甫大约是天宝五年(746)到长安的，和李白、李琎交往，被八仙的故事感染，就写了《饮中八仙歌》。其实八仙中的人并不同时在长安。

李隆基对贺知章比较宽容，要是别人拿金龟换酒喝，一定会追究的。

6

八仙留给我们的印象是喝酒、狂放、特立独行、不可方物，其实里面暗藏有政治。八仙中有一个人，比较微妙。此人就是汝阳王李琎。《饮酒八仙歌》说："汝阳三斗始朝天，道逢曲车口流涎，恨不移封向酒泉"。

李琎是睿宗长子李宪的儿子，李宪让位于李隆基。但李隆基对李琎很不放心。李琎"姿容研美，秀出藩邸"。就是说李琎长相很帅，李隆基夸奖道："花奴姿质明莹，肌发光细，非人间人，必神仙谪坠也。"李宪赶紧称谢，又斥责李琎。李隆基笑了，让李宪放心，说李琎没有英武之象，是做不成帝王的。

但据杜甫说，李琎很像唐太宗。

李隆基的意思很明显，就是让李宪李琎不要痴心妄想，安安生生做一辈子顺臣。在这种情况下，李琎就只有喝酒，喝酒一是可以麻痹自己的神经，也可以让对手放心。果然天宝九年，李琎就去世。

还有一人是李适之，当时为左相，也是宗室。李林甫的特点是用阴柔之术制服对手，李适之显然不敌李林甫。李林甫斗倒李适之，一箭双雕。

首先是李林甫和李亨的关系。此时武惠妃已经死掉，照说李亨为太子，李林甫应巴结才是，但不知李林甫搭错了哪根神经，偏要和李亨作对。

御史中丞韦坚，是李林甫舅舅姜皎的女婿。韦坚的妹妹是李亨的妃子。李林甫和韦坚不错。天宝五年正月十五望夜，月亮很大很圆，李亨出游长安，见到韦坚，说了几句话。随后韦坚又与河西节度、鸿胪卿皇甫惟明夜游，同过景龙观道士房。被御史中丞杨慎矜告发。李林甫上奏说太子见韦坚，韦坚又和节度使关系密切。李隆基就害怕这个，贬了韦坚。后又赐死。李林甫又说韦坚和李适之善，李适之此时左相已被免,听说后自杀。

　　李亨只得急忙和妃子断绝关系。此后李林甫又一次害李亨,李亨对李林甫恨得咬牙,做了皇帝后,只要把死了的李林甫扒尸扬灰,谋士李泌好一阵劝,才算罢休。

　　贺知章和李林甫的关系自然不好。再者,自己年岁太大,已经八十六了。正好得了一场大病,"梦邮递居,数日瘳",就上疏提出告老还乡。疏中说"近因病恍惚,常梦故乡山水,故上疏请度为道士,求还乡里,舍本宅为观,求周宫湖数顷为放生池"。并请皇上给其一个"辞农五十载,今日复东归"的机会。

　　李隆基信道,李家王朝都信道,还和被尊为道教祖师的老子李耳扯上了关系,说是李耳的后代。贺知章要回家做道士,李隆基准许。并赐"镜湖剡川一曲"作为放生池。

　　贺知章对呆了五十年的京城有感情,对李隆基有感情,对李亨有感情,他舍不得走。可又不得不走。

　　贺知章一走,不久,"天子呼来不上船"的李白也被赐金放还,饮中八仙解体。

7

　　李隆基特地让在京城东门设立帐幕,要太子率百官为贺知章饯行。为告老还乡的人举行如此规模浩大的饯行,唐朝史上没有,就是古今史上也罕见。

　　正月初五,京城的天还很清冷。

　　太子李亨来了,此时已经三十六岁,是贺知章看着长大并悉心教导过的。贺知章一见李亨,就感慨万分,流下了热泪,急忙上前拜见,看到老师要跪下。李亨忙说:先生免礼。两人说一阵子话,贺知章要李亨谨慎孝道。李亨要老师珍重。

　　宴会上,人们纷纷端起酒,为贺知章饯别。

　　李白有些醉眼蒙眬,他很感激贺知章的慧眼,不情愿让老人家走,但又希望老人归家后能心情舒畅,当场吟出一首诗:

镜湖流水漾清波，
狂客归舟逸兴多。
山阴道士如相见，
应写黄庭换白鹅。

镜湖是贺知章老家的鉴湖。"山阴道士如相见，应写黄庭换白鹅"，是书圣王羲之的一个故事。住在会稽的王羲之喜爱白鹅，山阴有一道士，请他写《黄庭经》（道教经典之一），以所养的一群白鹅为报酬。以王羲之比贺知章，意思是贺知章这个大书家，回到山阴，《黄庭经》换白鹅的故事，又将在山阴发生了。

众人齐声赞叹写得好。

员外郎卢象也起身把贺知章赞成是王献之："青门抗行谢客儿，健笔违羁王献之。长安素娟书欲偏，工人爱惜常保持。"王献之为王羲之之子，也是大书家。

随即，有三十多人都当场作了诗。有人将诗作收集起来，送达李隆基。

李隆基亲自作了序："天宝三年，太子宾客贺知章，鉴止足之分，抗归老之疏，解组辞荣，志期入道。朕以其年在迟暮，用循挂冠之事，俾遂赤松之游。正月五日，将归会稽，遂饯东路，乃命六卿庶尹大夫供帐青门，宠行迈也。岂惟崇德尚齿，抑亦励俗劝人，无令二疏独光汉册。乃赋诗赠行。"

又作诗云："遗荣期入道，辞老竟抽簪。岂不惜贤达，其如高尚心。寰中得秘要，方外散幽襟。独有青门饯，群英怅别深。"

作了一首，又作一首云："筵开百壶饯，诏许二疏归。仙记题金箓，朝章拔羽衣。悄然承睿藻，行路满光辉。"

抽簪：弃官隐退。青门：城东门。金箓：道教谓天帝的诏书。睿藻：皇上的诗文。

这些人中，李隆基的诗质量最差，但位置最高，也可见他对贺知章是真心赞赏。

贺知章回到故乡，熟悉而又陌生，他禁不住感慨。但此时，他已经没有能力作诗了。他住在"千秋观",并建"一曲亭"自娱。经常拄着杖,在儿子陪伴下游走,王羲之居住的兰亭,鬼斧神工的东湖等等,但不久便因病去世。享年八十六。

三年后,李白特意到会稽来访贺知章,他相信老人家还健在,听说仙逝后,他流泪了。又作了两首诗。其中一首《对酒忆贺监》:

四明有狂客,风流贺季真。长安一相见,呼我谪仙人。
昔好杯中物,翻为松下尘。金龟换酒处,却忆泪沾巾。

宾客贺公。于长安紫极宫一见余。呼余为谪仙人。因解金龟换酒为乐。殁后对酒。怅然有怀而作是诗。

后一首下半阕是:"人亡馀故宅,空有荷花生。念此杳如梦,凄然伤我情"。

天宝十四年,即755年,李隆基和贵妃杨玉环宠信的安禄山发动了安史之乱,唐朝陷入空前的劫难。李隆基西奔,至马嵬坡兵变。军士不愿意前行,军士们又杀了杨玉环的族兄杨国忠,李隆基不得已缢死杨玉环。李亨借此即位于灵武(今宁夏灵武)。

两年后,李亨想到了自己的老师,下诏遗赠为礼部尚书,诏书说:故越州千秋观道士贺知章,器识夷淡,襟怀和雅,神清志逸,学富才雄,挺会稽之美箭,蕴昆冈之良玉。故飞名仙省,侍讲龙楼,常静默以养闲,因诙谐而讽谏。以暮齿辞禄,再见款诚,愿追二老之踪,克遂四明之客。允叶初志,脱落朝衣,驾青牛而不还,狎白衣而长往。丹壑非昔,人琴两亡,惟旧之怀,有深追悼……

美箭:竹子。仙省:指尚书省。款诚:忠诚。允叶:和洽之意。

李亨追忆了和贺知章相处的美好时光,特别提到"侍讲龙楼",就是贺知章做侍讲的时候。李亨的印象中,贺知章"常静默以养闲",闲下来时,很静默。提供了贺知章的又一面。

贺知章地下有知,也会安心了。

司马光
(北宋 1019—1086)

大政治家、史学家,历仕仁宗、英宗、神宗、哲宗四朝。期间为神宗翰林侍讲,讲述治国之道,反对王安石变法,和另一名侍讲吕惠卿有大辩论。被贬洛阳十五年,撰写《资治通鉴》。哲宗即位,重执朝政牛耳。

司马光

司马光砸缸的故事,尽人皆知。

说的是司马光七八岁时,和一群小伙伴一起玩,一个调皮的小家伙不小心掉进盛满水的缸里。其余的小伙伴哭得哭,逃得逃,司马光却搬来一块石头,咣当一声将水缸砸烂,救出了小伙伴。当时就有人将故事画成《小儿击缶图》,在京都汴梁(今河南开封)、洛阳一带传开。

意思是幼时的司马光就很机智。

执掌权柄后的司马光却并不见多少机智,有的倒是执拗,也可说是坚定,和王安石对着干。两人都是出了名的牛脾气。

作为史家的司马光,也在历史上留下大大的一笔。

司马光著书十五年,做官三十多年,做侍讲近十年,作为三朝帝师,重点在神宗。他始终"忠君、忧国、忧民"。最后主政九个月,达到高峰。

作为史家的司马光,是从历史出发,来反观现实,企图影响皇上。历史是多面的,复杂的。司马光看到的是守成,王安石看到的是变法。

帝王师,并不易,尤其是侍讲,用现代话说是成人教育,不属启蒙,皇上已有见解。合不合皇上的意思很难说。

帝王师才拔超绝不用说,多数品德高洁,灵魂干净司马光也是如此。

1

司马光,字君实,原籍河内(河南沁阳),后迁到陕州夏县涑水乡的高堠里,就是现在的山西夏县涑水。司马光出生在河南光山,此时其父司马池为光山县令。光山是个穷地方，但宋代的两个帝师都和这里有缘。数十年后，苏轼被贬黄州途中，也来到过这里的大苏山。

司马池很严格，虽司马光是老三，最小，但其父并不溺爱。这是个贵胄之家，也是书香门第，司马光的先辈和堂兄有六七个进士，文学氛围相当浓厚。

司马池是个奇人，他幼年丧父，有数十万贯的家资，他不要，散给叔伯们。他只专心读书。有其父必有其子。

据说司马光五岁时，有天要吃青核桃，姐姐给他剥皮没有剥开，姐姐走后。一个灵巧的女仆给他用开水一烫，剥开了。后来姐姐问他是谁剥的？他说是自己。正巧为司马池看见，训斥他："小子为何说谎？"就此，司马光再也不说谎，并立志要做个诚实的人。字君实，大概也由此而来。

司马光一生都可以概括为"诚实"两个字。

居洛阳时，司马光叫人去卖掉他家的马。他对卖马的说，卖时要向买者讲清楚，"此马夏月有肺病"，不要欺骗别人。卖马的暗自发笑：这个司马光简直老实到愚蠢的地步。但司马光毕生以仁厚为荣，不做口是心非的事。

老年后，他号"迂叟"，一个迂腐的老头。怕不是自嘲，而是做人的良知，人生信条。

司马光一生的所作所为都与这种性格有关。在人才济济的北宋政坛，司马光能成为领袖级的人物，与他为人称道的品德有很大的关系。

史书说他"七岁，凛然如成人"。他不大喜欢说话，喜欢读书，读各种书，是个读书种子，"朝读之，夕思之"。思是消化、吸收。

司马池不断变换职位，秘书省著作郎、安徽小溪知县、凤祥知府等，司马光跟着父亲辗转各地。

仁宗明道二年（1033年），十五岁的司马光得了恩补，为郊社斋郎。是个没有品级的官职。后又改授为将作监主簿。

恩补是吃老子的饭，多半被人看不上。司马光一心想要正途出身，就是中进士。仁宗宝元元年（1038年）三月，司马光二十岁，一举高中甲科。主考官为吴育和欧阳修。

琼林宴上，新科进士都发给一朵花，让佩戴。司马光却不愿戴。好友劝道,这是皇帝的恩赐,君意不可违。他这才戴上。一辈子不喜欢奢华,崇尚节俭。

全家人都很高兴。这是三个儿子中,唯一一个进士。

是年,司马光和龙图阁学士张存的第三个女儿成亲。张氏小他四岁,很贤惠。张存和司马池很友好,当年到司马池家里玩,看上了这个小女婿。

朝廷授司马光为奉礼郎,华州(今陕西华县西南)判官。此时他二十岁,就已经胸满天下。夜里睡得好好的,忽然爬起身,穿上官服,手持芴板,正襟危坐。一家人都不知道他要做什么。他也不说。

这样说,一点不是说司马光整天板着脸,不苟言笑。其实平时他很随和。

次年,父亲知杭州,但年纪老迈,为照顾父母,司马光请求为苏州判官。朝廷准允后,司马光来到苏州。苏州是水乡,风光旖旎。但司马光上任不久,母亲就离开人世。司马光极为悲恸。他本想要母亲享几年福的,可他刚刚自立,母亲就去世。

司马光丁忧,服侍父亲。后司马池被人挤兑,调任虢州,虢州在今河南灵宝。数月后,又调至晋州。司马光就陪着父亲。1041年,司马池竟病逝在晋州。司马光三年内接连受到父母离世的打击,心情悲伤灰暗到了极点。

就仕途来说,他五年丁忧在家,也是个挫折。但也好,能清静下来,好好读书,好好思索一些国家的大事。

司马光毕竟是要做大事的。

但且慢。他还要有磨炼。

2

1044年,也即庆历四年,司马光被授为武成军判官事。武成军治所在滑州。今河南滑县。知州张锡也是个好读书的,两人有共同语言。

翌年,司马光以宣德郎、将作监主簿权知韦城。韦城在滑州东南。以司马光的性格,无论到哪里都会好好做事。上对得起朝廷,下对得起百姓。不到一年,就"政声赫然"。

冬日的一天，司马光接到朝廷新的授命，要他到京师任大理寺评事。职位还是正八品，且很清贫，但毕竟是京城，升迁的机会多。

短亭内，友人置酒相送。中午的阳光无一点力量，十分寒冷，但同事们饯别的酒是热的，心是热的。酒酣耳热之后，他做了《留别东郡诸僚友》，其中有句子道"不辞烂醉樽前倒，明日此欢重得无？"司马光很少这样醉过。

到京城很忙，很苦。大理寺是审判机关，相当于现在的最高法院。评事的职业他不熟悉，要从头学。还要提审犯人，听犯人喊叫。他不喜欢。半年后补国子监直讲。国子监，是全国最高学府的老师，为诸生们讲经。

直到四年后，父亲的老朋友，也是他的恩师枢密副使庞籍，推荐他为馆阁校勘并同知太常寺礼院。庞籍前次曾推荐过，没有恩准。庞籍是有慧眼的人，为陕西都转运使时，曾推荐罪人狄青为延州指挥使。

馆阁校勘掌校雠典籍，和故纸堆打交道，相当冷静、枯燥。喜欢的人不太多，但司马光喜欢。他喜欢历史。历史是理解现实的一把钥匙。他后来的煌煌大著《资治通鉴》就是此时打下的基础。同时这里是人才的储备库。宋代重视文才，文化俊才会得到重用。欧阳修当年也做过馆阁校勘。

皇佑五年（1053），司马光为殿中丞，除史馆检讨。

在这里，他有几个朋友：老师欧阳修是文坛领袖，奇人王安石、黑脸包拯、四川眉州的苏轼等。

小司马光两岁的王安石黑脸，不洗澡，不换衣服，身上总有虱子和一股味。但这人有思想，总像个哲学家。他们在一起宴会，王安石比他还牛，说不喝酒，就不喝酒。谁说也不喝。这人生来是有大主见，要搅动天地的。此时为群牧司判官。

苏轼、苏辙兄弟俩也不弱，从四川走出来，一年同中进士，引起京师轰动。也是欧阳修的主考。同来的还有两人的父亲苏洵，他看见王安石的样子就生气。

这些人都没有想到日后他们会成为政敌。

故相夏竦死，仁宗赐谥号为"文正"。夏竦是个天分很高的人，也极有手段，十分贪鄙。当时被称为奸相。司马光最见不得这种人。于是两次上书说:"夏竦的谥号太完美,他是何人,敢当这个谥号?"仁宗以为是,改为"文庄"。

不久,加司马光集贤院校理。

1053年,庞籍受姊妹亲家赵清贶受贿案的牵连,被贬知郓州(今山东东平)。庞籍求朝廷以司马光为郓州典学。

郓州在泰山脚下,自古为儒学之邦。司马光很喜欢这个地方。不久,司马光即位郓州通判,庞籍的副手。庞籍年老体衰,几乎把所有事都交给他处理。也好,基层锻炼。

两年后,庞籍又为昭德军节度使,知并州(山西太原)。司马光又和恩师一起经汴京至并州。翻越太行山的时候,正是天寒地冻,尖利的西北风,让老小苦不堪言。并州北与辽相接,西北相邻西夏,是个多事的地方。

嘉祐二年(1057)夏,庞籍命司马光前往麟州视察。麟州在今日陕西神木县北,黄河西,为控制西夏要冲。

当地有一屈野河,麟州在河东。河西有一大片与西夏争议之地。当地官员请示,要在河西一带修筑两堡,免除敌人骚扰,以便百姓耕作。司马光禀告庞籍,庞籍报请朝廷,朝廷尚未准允,他们就令修建。正当此时,西夏结集部众。麟州将官郭勇轻敌,贸然出击,遭遇伏击。

朝廷令侍御史张伯玉调查此事。庞籍怕此事连累司马光,将和司马光有关的档案资料藏匿起来。张伯玉就以庞籍私建堡垒为名报请朝廷,将庞籍贬知青州(今山东青州)。

没有庞籍的保护,司马光要大受挫折。

3

六月,司马光奉调回京,改太常博士、直秘阁、判吏部南曹。

司马光要为恩师辩解,他觉得都受了处置,唯独自己不受,是自己的耻辱。他三上《论屈野河西修堡状》,他说责任在自己,不在庞籍。修堡并没有错。错在将官轻敌。但朝廷不理他。朝廷像个巨人,他现在只是个小孩子。在巨人面前,没有他说话的地方。和我们今天人的相比,何止天壤之别。今天的人是要千方百计洗干净自己,而司马光是自求处置。当时不止他是这样，苏轼、王安石都是人格有光辉的人。

翌年六月，交趾（今越南一带）进贡两头怪兽，称作麒麟。其状如牛，独角、有鳞，朝廷内外有不少人认为不是麒麟，但也说不出是什么。

八月二十五日，朝廷要司马光前去辨认。司马光也不是研究动物的专家，他如何认得？他在奏折中说，麒麟是传说中的瑞兽，臣没有见过。只要王者道盛德治，感召神明，瑞兽就会不诏而来。

一件奇兽的事，司马光引申到朝廷大治。可见他的思想深处，总为天下大局着想。

一年后，朝廷授司马光为开封府推官，但他不愿意，听说虢州有缺，愿意到虢州。虢州的治所在今河南灵宝。放着京师的推官不做，却要到偏远的地方。他的理由是离家近，可以"洒扫先茔"。朝廷没有批准。后来又两次请求到虢州，都没允准。

司马光是想到边远地方去磨炼自己，他是个想干事的人。这一年，他已经四十一岁。前年他作诗说："我年垂四十，安待无华欺？所悲道业寡，泊没无他贤，深惧岁月颓，宿心空弃捐。"

半年后，任判三司度支勾院。三司是主管全国财政的最高机关。

1060年，京师地震。

是年，朝廷又命司马光为三司度支判官，和王安石一起同修起居注。就是给皇上当生活秘书，这是个很多人求之不得的美差。但王安石不就，他比司马光绝对。送达诰令的人来后，他躲到厕所里，那人将诰令放到几案上，他追出去，塞给那人。拒绝了七八次，终于推脱掉。司马光也推辞了，但朝廷没有准许。

又是半年后，朝廷以司马光知谏院。司马光看到了机会，一个多月里，上了七八个折子，直陈朝政。有说人君品德的，有说人君如何驾驭朝臣的。也有说拣选士兵和选举的。

北宋沉疴多多，司马光的办法就是温良地小打小闹。他不喜欢大手术。他不是王安石。

张方平是封疆大吏，此时为秦凤路（辖今甘肃、宁夏的大部，以及青海、四川、陕西等省的部分）经略安抚使，兼秦州知州。张方平是苏轼、苏辙的伯乐。张方平闻讯西夏入侵，惊慌失措，处置适当。司马光三上折子参张方平,他不是和张有仇,是为国家。后终于将张方平知应天府(即南京,治今河南省商丘市南)。

看来,朝廷不处置张方平,司马光会一直不停地上折子。

北宋政治开明,允许人讲话,和明代的高压专制不同。

嘉祐七年(1062)三月,朝廷以司马光为知制诰。不久兼任侍讲。知制诰就是皇帝的秘书兼顾问。侍讲是专门为皇帝和皇太子讲经的。他喜欢历史,也喜欢讲经。

这次司马光学能了,坚决辞掉知制诰。理由是自己不是做知制诰的材料。辞了八九次之多,终于获准。以起居舍人,天章阁待制兼侍讲司马光,仍知谏院。

仁宗身体不豫,又没有子嗣,立谁为皇太子是个大问题。这种事,闹不好就是杀头。他感到肩上的责任重,一个雨后的深秋夜里,有霜降虫鸣,他翻来覆去睡不着,就一夜未眠。第二天起来,见自己有了白发。

他两上折子,请立仁宗的侄子赵曙。但赵曙怕有祸,称病不肯进宫。司马光又上折子,仁宗宣赵曙进宫。

次年三月十二日,庞籍病逝。司马光很悲恸。为庞籍写了四千多言的墓志铭。

三月三十日,仁宗驾崩。赵曙即位为英宗。英宗三十来岁,但身体不好,总有病,三年多就病逝。

英宗喜欢读书,但大约是身体不好的原因,他也不想有大举动,只用旧臣,宰相还是嘉祐三年开始的韩琦。韩琦长相好,工作也属称职。

朝廷长期积弱、积贫。禁军、厢军都不堪用,想到了义勇。义勇近似民兵,要在陕西十几万乡民手背上刺字。宋代重文轻武,正规军在脸上刺字。司马光很反对,六上折子,说兵在精不在多。再者对百姓也不利。但没有人听他的,尤其是韩琦很热衷这种把戏,以为能吓倒敌人。

司马光见朝廷不是他呆的地方,请求离京,但不准。

4

他要为英宗讲经。讲经的地方叫迩英阁。迩英是亲近英才的意思。宋制:自春二月开始,至端午。秋八月至长至。每双日入迩英阁讲经。为皇帝讲经补充营养,自汉代宣帝就开始。但形成制度,称作经筵,似应在宋真宗年间。以前讲经的都是坐着,到仁宗时,改为站着。所讲之书,主要是"四书"(《大学》、《中庸》、《论语》、《孟子》)"五经"(《尚书》、《诗经》、《易经》、《礼记》及《乐记》、《春秋·左传》)一类。

为皇上讲经,相当于当今为中央领导授课。朝臣也坐了一大片。

这天,轮到司马光讲经。司马光学殖深厚,精通经书,但尤喜史书。

"爱卿,今日讲何书?"英宗问。

"回皇上,今日是《易经》。"

"何谓易?"

"易乃变化之意。万事万物总在变化之中。"

"那就没有不变的东西?"

"有,那就是道。天不变,道亦不变。治国的大道是不能变的。"

"那你今天就好好说说道的意思。"

于是司马光就从殷商周秦侃侃而谈,说天下治国大道就是以民为本,历朝历代都逃不脱这个道理。开朝君主都政治清明,施恩于百姓,国家兴旺,末朝君王无不昏庸,压榨百姓,致使变乱丛生。

说着说着,司马光有些激动。他道:"史料繁多,皇上日理万机,无暇从容阅读。臣自仁宗时,就编著《历年谱》一书,后又编著一册《通志》,自战国到秦二世,共有八卷。略显历代治乱兴衰之迹,臣愿献于皇上。"

英宗眼里放出光来,道:"好啊,好。"

这是司马光给皇帝的一本教科书。第二天,司马光就呈上《通志》。英宗浏览后,大加赞赏,令他继续编下去。司马光又奏请两个知识渊博的刘恕、赵君锡与他同编。两人都是他的好友。刘恕此时为县令,说话尖刻。赵君锡因父丧,改为国子监直讲刘攽。英宗照准,并在崇文院成立了书局,专门用于编书。

1067年正月初八,英宗忽然撒手人寰。二十岁的太子赵顼即位,为神宗。神宗和英宗不一样,喜欢法家,喜欢《韩非子》。

欧阳修举荐司马光"德性纯正,学术通明",还说由于司马光的坚持,仁宗定英宗为太子。神宗自然领会,擢拔司马光为龙图阁直学士。

司马光坚辞,但神宗坚持。

神宗更喜欢王安石。王安石声名日隆,朝野上下不少人盼着王安石出山。王安石母亲病故,他丁忧回家。丁忧期满,仍在家呆着。仿佛就是等着神宗的召唤。

北宋是个矛盾体,一方面汴京有一百四十来万的人口,楼宇林立,国际一流的大都市,极尽繁荣。另一方面却积弱,积贫。百分之九十的土地在官僚地主手里,不愿交税,国库空虚。神宗祭天仪式后,想赏赐官员银两绸缎都拿不出来。另外还有"三冗":冗官、冗兵、冗费。深深困扰着这个年轻的皇帝。

据说神宗一身戎装去见皇太后,皇太后见他英姿勃发,也很高兴,但却告诫他说:你倘若能永远不贪军功,就是天下百姓之福。

神宗即位前,就看过王安石仁宗朝上的改革《万言书》。他要王安石为江宁知府,后又为翰林学士兼侍讲。次年四月,就诏王安石越次入对。两人谈起变法,眉飞色舞。

王安石和司马光都看到北宋的虚弱,但方法不同。也可说是心相通,路不同。王安石是大刀阔斧,从理财入手,再振兴农业,然后富国强兵。司马光以为"祖宗之法不可变",反对聚敛,主张勤俭节用。

一个开源,一个节流。

王安石为参政知事后,出台了很多"新法":《青苗法》、《免役法》、《均输法》等等。《青苗法》就是于每年青黄不接时,借粮或钱于百姓,等收割后再还本金和二成利息。这个利息低于富绅不少。司马光一个个都反对,说《青苗法》是盘剥百姓。他有理由:"平民举钱出息,尚能蚕食下户,况悬官督责之威乎!"事实也正如司马光所料。地方官府为完成指标,强制贷款给百姓,贷十贯钱,中间小吏要克扣,到百姓手中就只有三贯,还贷款时还得按十贯钱本息还钱,不贷款还不行。

比较起来,司马光更了解民情。

两人水火不容。老朋友变成了新敌人。俩人在神宗面前争论得面红耳赤。王安石以为自己是善理财之人,"不加赋,而国用足"。司马光说是于民争利,是不义。改革不能急功近利,国家如果只着眼功利,整天盯着百姓的"钱袋子",则为"舍义而取利",最终结果,会如孟子说的那样"上下交征利而国危矣"。

其实两人有不少惊人的一致之处。比如不纳妾,不爱官,不爱财。

只说不纳妾。嘉祐年间,王安石还是知制诰时,夫人为他买了一妾。王安石很吃惊家中出现一个陌生女子,问她是何人。女子说是军将之妇,因丈夫运米船沉,家中财产不够赔偿,卖了她来赔偿。王安石很同情女子,问买她用多少钱。女子说九十万。王安石令人叫来女子丈夫,"令为夫妇如初",并将钱还给他们。

司马光的妻子不生育,偷偷为司马光买了个妾。有天,借口自己有事,让这个女子夜里服侍司马光。司马光一见说道:"夫人不在,你来我房间作甚?"硬是不搭理那女子。

司马光终生无子,过继了一个儿子。

宋代开放,文人或官员纳妾很正常。欧阳修、苏轼都有妾。但人生观念不一样。比较起来,欧阳修、苏轼会生活。这两人却有些异样。

神宗即位之初,对司马光编的《通志》很欣赏,他以为叫做《资治通鉴》更好,可以"鉴于往事,有资于治道",并亲自写了序。

神宗虽然年轻,但所居位置不同,眼光自然高远,令司马光激动不已。

神宗专门成立了制置三司条例司,负责推行变法。吕惠卿是变法的二号人物,为检详文字。此人善辩,很有文采,也极有心计,但品行不端。可谓臭名昭著的小人。开始是受到欧阳修的欣赏,荐于王安石,两人遂成莫逆之交。王安石大小事,均和吕惠卿商议。出台的新法,也都出自吕惠卿之手。

吕惠卿因变法有功,被授为太子中允,崇政殿说书。后条例司撤销,又主政司农寺。

一天,司马光对神宗说:"吕惠卿阴险狡诈,不是什么好鸟。正是他的作为,使得丞相受到内外各界的批评。可惜丞相虽贤德,却刚愎自用,不通世故。吕惠卿出鬼主意,丞相就去施行。再者,丞相经常超擢亲近自己的人,也恐众心不服。"

宋神宗却道:"吕惠卿进对明辨,也是很有才学的人啊。"

司马光连连摇头:"吕惠卿确实通文博学,明辨聪慧,但却心术不正,陛下慢慢观察就知道了。"

宋神宗听罢无言以对,默不作声。神宗看不上规行矩步的司马光,他倒欣赏不按牌理出牌的王安石和吕惠卿。

司马光是个实心眼,又对王安石道:"阿谀谄媚的人,现下对你百依百顺,言听计从。可一日你失去了权势,他必然会反戈一击出卖你。"

王安石不信。他很反感司马光的话,以为是司马光因反对变法而中伤吕惠卿。

有人说这是南方人和北方人的争斗。其实也是儒家和法家的相争。司马光是彻里彻外的儒家,但王安石、吕惠卿崇拜的是法家商鞅。

其时,反对王安石变法的有很多,韩琦、欧阳修、苏轼等。重臣中惟有曾公亮支持王安石。神宗准备起用王安石,问韩琦,韩琦摇头。问曾公亮,曾公亮说王安石有辅相之才。

变法推行后,国库有增。但各级不法官吏趁机勒索,百姓苦不堪言,甚至举家逃亡。

熙宁元年,有次讲经毕,神宗问司马光,当变更宗室法否?司马光答曰:当变,但不可急。所谓宗室法就是让宗室节俭。这个司马光赞成。

5

熙宁二年(1069年)十一月。天气大寒,竟早早地落起雪来。因为是刚落雪,一到地面就化了。也有的在半空中就化了。汴河上往日穿梭的行船还是少了起来。岸边的树上有几只寒鸟在叫。

迩英阁内升起了火盆,但并不很暖和。

这日,司马光讲《资治通鉴》中的《汉纪》,讲到汉初的丞相曹参和萧何,曹参代萧何为相后,一尊萧何之故规,故而孝惠帝、高后之时,能够"天下晏然,衣食滋殖"。今也当守成勿变之道。

神宗问道:"假使汉一直用萧何之法,可以吗?"

司马光眼睛一亮:"可以啊。不独汉如此,道是万世不变的。倘若夏、商、周的子孙能够常守禹、汤、周文王、周武王之法,怎么会有衰乱?"

神宗又问:人与法,相互表里吗?

司马光道:倘若有了人,就不怕法不好。没有人,就是有善法,也未必有用。

神宗有些疑惑。司马光明显是说王安石、吕惠卿不行。其实不仅吕惠卿人品差,就是干将章惇也是小人。当然小人未必就不能干大事,问题是王安石用的人大多都有问题。后来失败,这也是个因素。

吕惠卿此时也是侍讲。这天,轮到吕惠卿讲,他讲的是《尚书》序言中的"咸有一德",显然是有备而来。咸有一德是说君臣都有的美德。据说是商朝的相国伊尹作的。《尚书》就是《书经》,被儒家认为是经典。也是最古的史书,虽然清代考证内中有不少是东晋时的伪书,但东晋也够早的。

里面有这样一段话:"咎单遂训伊尹相汤,立典型以传后世。及其殁也,咎单惧沃丁,废而不用。于是训其事以告之"。

咎单是商朝的司空。沃丁是商朝的君王。伊尹是辅佐商汤的名相,死后,咎单害怕沃丁不用伊尹时的法规,就对沃丁重申了伊尹制定的法规。

吕惠卿说,咎单遵伊尹看起来和曹参遵萧何一样,其实不同。先王之法,有一岁一变的。有数岁一变的。也有一世一变,甚至数十世一变的。还有百世不变的,如"尊尊亲亲贵贵长长,尊贤使能"。前日司马光说汉惠、文、景三帝皆守萧何之法而治,武帝改其法而乱,宣帝守其法而治,元帝改其法而乱。臣以为萧何虽约法三章,但其后就为九章,为何自己不能自守其法了?汉惠帝除挟书律、三族令,文帝除诽谤、妖言,除秘祝法,都是萧何法中有的,而惠帝与文帝去除了,景帝又从而因之,不是非守萧何之法而治。司马光的意思是国家近日多更张旧政而规讽;又以臣制置三司条例,看详中书条例,故有此论。臣愿陛下深察光言,如果光言是,则当从之;若光言为非,则陛下亦当告之,召光诘问,使议论归一。

同是一个历史,变政家看出变法,保守派看出守成。各人有各人的解读方法。

吕惠卿滔滔雄辩,又让神宗召见司马光诘问。

于是神宗召光上前来,与惠卿当面论辩新法得失。两个皇上的老师当庭辩论,针锋相对。

司马光道:"惠卿之言,有是有非。惠卿说汉惠、文、武、宣、元,治乱之体,说得不错。但说先王之法,有一岁一变,五岁一变,一世一变,则非也。《周礼》所谓'正月始和,布于象魏'者,乃为旧章,并非一岁一变。

天子怕诸侯变礼易乐,坏乱旧政,故五载一巡狩,以考察有变乱旧章的,则削黜之,不是五岁一变。刑罚世轻世重的,都是新国、乱国、平国,随时而用,也不是一世一变。且治天下譬如居室,有漏洞则修补,不是大坏就不更新重造;更新重造,必得良匠,又得美材。今日二者皆无,臣恐怕不庇风雨。讲筵官,都在此,乞陛下问之。三司使掌管天下之财,不让两府过问其事。今制置三司,实干什么的?宰相以道辅佐人主,有这个先例?"

吕惠卿涨红面孔,叫道:"司马光备位侍从,见朝廷事有未便,就乱说话。有官守的,不得其守的就应该离去;有言责的,说不当的话就应当离去。"

这是明显地要赶司马光离开朝廷。

司马光并不示弱,"前有诏让侍从之臣言事,故而臣上书说三司条例司之事。不知圣上看到没有?"

神宗说看到了。

司马光立即说:"不是臣不说话,臣说了但没有采用,而臣又不离开,就是臣的罪。臣请辞。"

司马光不是一个会生气的人,一生气就面孔很难看。吕惠卿却高兴地看着。

一时气氛颇僵,神宗只好打圆场,笑道:"经筵进讲,君臣相互讲明经义,论辩政事,其于君主之德行学识及对政事的认识,自有莫大裨益。何必如此?"

但司马光还是没有放下脸来。善于打圆场的宰相王珪急忙说:"光所言,都是朝廷所更改之事,或者有利少害多的,也不必变更。"说着,用目光示意司马光退。司马光这才退下去。

王珪又读了一段《史记》,司马光读了一段《资治通鉴》。

气氛有所缓和。

神宗让其他人都退下,单留司马光和吕惠卿。神宗站起身,下了台阶,坐在锦墩图上,让两人也坐。

神宗道:"朝廷每要变更一事,举朝士大夫都汹汹然,皆以为不可,又不能指明不便的地方,这是怎么回事?"话语明显偏向吕惠卿。

"朝廷的《青苗法》，此事就是不便。"司马光道。

吕惠卿赶紧说："光不知此事，富户为之，会害民，今县官为之，就可以利民。"

神宗也说："陕西实行那么久，没有听说有害处。"《青苗法》来自陕西，当年有个淮南京西转运使李参，灾荒年在陕西放青苗钱救人，效果甚佳。王安石闻讯后，在鄞县实行过，也效果不错。

司马光道："臣就是陕西人，只见其病，不见其利。"吕惠卿道："光所言皆吏不得人，故为民害。"

司马光说："如惠卿所言，就是臣前日所谓'有治人而无治法'。此等事，都是有司之职所在，不烦圣上忧虑。陛下但只择人而任之，有功则赏，有罪则罚，此乃陛下职尔。"

神宗点头说："卿不要以吕惠卿的话心里不爽。"

司马光道："臣不敢。"

两人退下。其实两人心里的疙瘩越结越深。

之所以有廷辩，神宗显然是想看谁的道理更能说服人。此外也希望调停改革者和保守者的关系。当然也有支持变法的意思在。

6

神宗问王安石，司马光可以用否？王安石摇头说："司马光倡导异论，用其对变法无益。"

此前已被贬至大名府（今河北大明）的韩琦，上疏说，不当实行《青苗法》，《青苗法》不论贫贱，一律借青苗钱，根本不能"抑兼并、济困乏"。神宗犹豫道像韩琦这种忠臣都对变法有看法，难道变法真的不当？

王安石逐条批驳，韩琦又上疏反驳，并对《免役法》等也有意见。王安石有些气馁，躺在家里不上朝。

神宗要司马光为枢密副使，司马光坚辞，说"陛下诚能罢制置条例司，追还提举官，光荐德才太常卿黄中庸为侍中兼枢密副使；不行青苗、助役等法，虽不用臣，臣受赐多矣。今言青苗之害者，不过谓使者骚动州县，为今日之患耳。而臣之所忧，乃在十年之外，非今日也……"

连上辞章七八次。神宗说:枢密副使是兵事,不当以其他事推辞。司马光还是不干。

王安石重新视事后,司马光求去。

先以端明殿学士知永兴军(今陕西西安)。次年退居洛阳,任西京留守御史台,以书局自随,继续编撰《通鉴》。此后十五年,他很少说话。一心编纂他的宝贝。他要让历史说话。

不说话不表示心里没看法。他在韬光养晦,盯着朝局。

元丰七年(1084)成书。书成后,升为资政殿学士。

有个叫郑侠的画了幅《流民图》,呈进后宫,画的是百姓的惨状。神宗看后,动摇了。王安石回到了江宁。变法仍由吕惠卿主持,但吕惠卿还不如王安石,神宗又诏回王安石。二次为相的王安石处处不顺手,终于罢相。

次年,神宗病逝。十岁的哲宗即位。由高太后主政。高太后不喜欢新法,诏司马光回京。史料记载:"凡居洛阳十五年,天下以为真宰相,田夫野老皆号为司马相公,妇人孺子亦知其为君实也。……赴阙临,卫士望见,皆以手加额曰:'此司马相公也。'所至,民遮道聚观,马至不得行,曰:'公无归洛,留相天子,活百姓。'"

也可能有美化的地方,但大致可信。

是年,司马光六十七岁,朝廷拜光为尚书左仆射兼门下侍郎。司马光有了实权,将王安石的新法整个翻了个底朝天,一帮干将如吕惠卿之流也被逐出朝廷。

又诏回被贬的反对新法的朝臣,如苏轼等。苏轼和他意见不一致,说新法并非一一都不好。《免役法》就不可废。司马光坚决不依,气得苏轼大叫:司马牛,司马牛!

司马光宵衣旰食,抱病工作。

翌年五月,王安石在江宁病逝。司马光也已重病在床,闻讯后,致书宰相吕公著,要对王安石"尚宜加厚礼"。让我们感到大人物的磊落胸怀。他们不是私仇,都是为国,为天下,为百姓。

九月,司马光竟也辞世。

"京师人罢市往吊,鬻衣以致奠,巷哭以过车。及葬,哭者如哭其私亲"。

司马光虽说保守，不懂经济，但洞察数千年帝国政治与社会运行的机制，王安石和吕惠卿却未必胜过司马光。故而较量也难分高下。

　　这种帝师，显示了它自身的特殊性不说，帝师在言论和实践中，既锤炼提高了别人，也锤炼提高着自己。

朱 熹
(南宋 1130—1200)

著名理学家、教育家，性忠直，效法前贤。曾任荆湖南路安抚使，清廉为民，仕至宝文阁待制。为宁宗经筵官，侍讲四十六天，讲述圣贤之道，因直言批评朝政被免。倾一生之心血，光大理学。

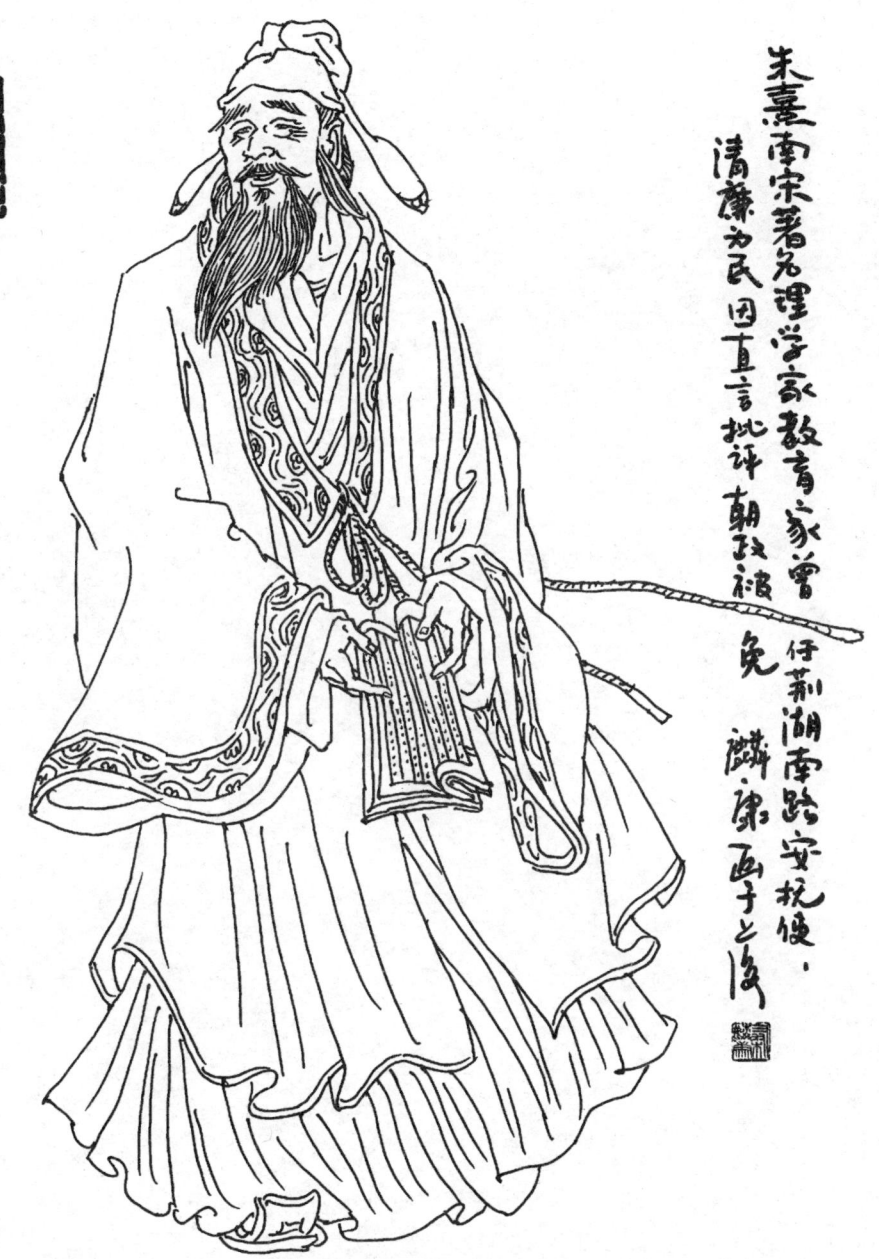

朱熹

南宋光宗绍熙五年(1194)七月,骄阳似火。京城临安(今杭州)的深宫里却有些凉意,正在上演一场有意思的禅让。五十三岁的光宗赵惇禅让给儿子赵扩。光宗才当了五年皇帝,也是父亲孝宗禅让给他的。大约是等皇上的位置等得急,精神上有毛病,和父亲还不和。太上皇孝宗病重,他也不去探望。朝政也不理。就连太上皇驾崩,他也不去执丧。左丞相留正称病他去,朝廷几欲涣散。光宗是南宋的第三位皇帝。南宋本来就偏安江南,北有金人虎视,内部又如此萎靡。难道大宋的江山就要拱手送人?

在此情形下,枢密院事赵汝愚进宫疏通,并和工部尚书赵彦边等密议,派知阁门事韩侂胄进宫,禀请吴太皇太后垂帘听政,逼光宗退位做了太上皇。

二十七岁的赵扩即位,为宁宗。赵扩的位置有点像捡来的。据说,他听说要其为皇上后,连说:"做不得做不得。"吴太皇太后急了,令左右拿黄袍过来说:"我给他穿上。"他还拉着韩侂胄的手不肯穿。太皇太后流泪求他,这才穿上。和他家祖爷爷赵匡胤搞兵变"黄袍加身"大不同。也说明赵扩没有皇帝欲。

宁宗不很聪明,语言也不利索。后来有北方的使者来,他就让宦官替他回答。

升赵汝愚为右丞相。赵汝愚是皇上的本家,人正直。孝宗年间的状元。赵汝愚想做司马光。

韩侂胄拥戴有功是一,其次和赵扩的韩皇后是亲戚。此时为枢密院都承旨。韩侂胄是北宋韩琦的五世孙,有韬略。后来韩侂胄渐渐坐大,赵韩两人形成对立集团。

八月的一天，赵汝愚上奏：陛下即位，乃我大宋社稷之福。先皇均以圣贤为宗，以儒家为本，熟稔经典。应延请经筵官讲经。臣闻潭州荆湖南路安抚使朱熹学富五车，博才多识，乃我朝一代儒宗，可以延其为经筵之官。

朱熹的大名宁宗早就如雷贯耳，当然照准。随同朱熹还有十几个经筵官。为表示郑重，赵扩还有手谕。

1

六十五岁的朱熹此时正在潭州（今湖南长沙）。朱熹并不是纯粹的学者，而是个干练的官员。孝宗淳熙年间，郎中兼诗人杨万里向朝廷举荐六十人，首列朱熹："学传二程，才雄一时，虽赋性近于狷介，临事过于果锐。"性格刚直孤傲，做事雷厉风行。

"近于"二字，可见其性格鲜明。"果锐"是说果敢敏锐。可以想见朱熹并不是唯唯诺诺，而是干练之臣。性情还直。凡大师，没有一个不是性情鲜明，不鲜明就成不了大师。此前的王安石，明朝的王阳明都是如此。

由杨万里的推荐，孝宗命其为江西提刑。此前朱熹已经是几起几落。他的秉性不适合做官，只适合做学问。

究其一生，做学问时间长于做官时间，共被授官二十余次，但因各种原因，没有为高官。侍讲也只四十六天。朱熹活了七十一岁。四十六天和七十一年相比，过于短暂，但对朱熹有大影响。让他认识了朝廷是怎么回事。朱熹三十多岁，就于经学、史学、文学乃至自然科学的训诂考证、注释整理上有较大成就。集理学之大成，建立唯心论的唯理论体系，俨然大师气象。

朱熹理学的作用和影响力仅次于孔子。后来朱理学传到了朝鲜，再传入日本。

黄干《朱子行状》曰："绍道统、立人极，为万世宗师。"

近代大学者钱穆尊崇朱子，始终如一，晚年撰百万言《朱子新学案》，开宗明义即谓："在中国历史上，前古有孔子，近古有朱子，此两人皆在中国学术思想史及中国文化史上，发出莫大声光，留下莫大影响。

瞻观全史,恐无第三人可与伦比。"

上世纪七十年代,日本首相田中角荣访华,毛泽东送给他两本书,一本是《楚辞集注》,一本是《四书集注》。

这两本书,对中华民族性格塑造有影响。

我们惯常把朱熹看做封建制度的卫道士,说他倡导"存天理,灭人欲"。不错,这话是他说的。但他说的"灭人欲",不是性欲,而是私欲。当今社会,私欲泛滥,性欲横行,多少有点朱熹的意思,当不致如此。

朱熹是丰富的。他气概沉雄,胸怀洒落壮阔,气象如光风霁月。

朱熹,字元晦,号晦庵、晦翁等。祖籍南宋江南东路徽州府婺源县(今江西省婺源),出生于南剑州尤溪,即今福建尤溪县。父亲为朱松,朱松做过吏部员外郎,但倾心于学问。据说朱熹四岁时,父亲指着头上的蓝天说:"这是天。"朱熹问:"天上是何物?"朱松大惊。

朱熹后来说自己"天资鲁钝",记忆力不如人。但见到孟子说做圣人不难,就要做圣人。

十四岁,父亲病逝。朱熹以为天塌一般。但他遵遗嘱,以崇安的胡宪、刘致中、刘子翚三人为师。三人皆朱松生前好友,把朱熹作子侄看待。刘致中还把女儿许配给朱熹。

绍兴十八年(1148)年春,十九岁的朱熹赴临安参加科考,中第五甲第九十名进士。比较有意思的是在别人看来很难的科考,他没有费事甚至是乱来,竟然高中。朱熹对科考有看法,认为科举"累人"、"不知坏了多少人"。朱熹同年尤袤的孙子尤焴在一本书中说,朱熹当时不喜欢科举一类的书,喜欢看佛经。又喜欢和僧人谈说,考试时竟把僧人的一段说法演绎成一篇文章。不想竟打动了考试官。后来有人问朱熹,如当时未中进士当如何?朱熹说就放弃科考。

当然朱熹也可能自己考上了,看得无所谓。生在科举时代,也有无可奈何之处。

后来明清把朱熹的《四书集注》作为取士的标准,倘若朱熹地下有知,也会哭笑不得。

两年后,朝廷授朱熹左迪功郎,泉州同安县主簿。主簿是掌管文书

朱熹

的。他积极搜集藏书,在同安建立了"经史阁"和"学宫",招收生徒进行讲学,并以《周礼》《仪礼》和唐、宋礼制为蓝本,绘制了礼仪、器用、衣服等图,教授学生习用。此外,也协助当局镇压过一次饥民暴动。

闲暇时,他就攻佛学。朱熹真正走向理学,是拜李侗为师。李侗是南剑州剑浦县(今福建南平)人,专心圣人绝学,也是朱松的学友,一生未做官,久居延平。朱熹徒步至延平,多次求教于李侗。理学也称道学,是中国古代哲学在北宋时期的产物,以理为最高范畴。有世界本源问题、认识论、心性论等等。以北宋程颐程颢兄弟为最高。

李侗很喜欢他,为他取了字元晦。李侗为二程的三传弟子,喜欢终日静坐体验未发之事。开始是李侗指导朱熹,渐渐两人讨论。两人说太极,说理,说气。十年后,李侗死,朱熹的学识已在李侗之上。朱熹并不喜欢静坐体验。

绍兴二十五年(1155),朱熹奉调旁郡,任满后罢归,一心做学问。有差事,也是闲差,监潭州南岳庙。

1162年六月,高宗赵构禅让给孝宗赵昚。孝宗想有一番作为,下诏要朝臣直言得失,朱熹上奏道:"帝王之学,必先格物致知,以极夫事物之变,使义理所存,纤悉毕照。则自然意诚心正,而后可以应天下之务。"

帝王之学必须先穷究事物的本原而获得知识,以便透彻地认识事物的变化,使世间万物的道理,都能存在于心中,对事物的纤细微末之处全都看得透彻,就会自然意念真诚,心地端正,而可以治理好天下的事情。

朱熹此时就有帝师的口气了。

他又说对付金人,不能言和,要用贤能之人,让国家富足,军队能战,设法打败他们。现今的监司机构及官员,狼狈为奸,贪赃枉法,大肆地掳掠、害民的官员,主要就是宰相、台谏的亲戚、故旧、门生、朋友。他们中失去了权势的人,曾经按他们所得的私利情况而罢逐了他们;还在当权的那些人,难道没有谋私利的吗?敬请陛下亲自去了解。

此事可见朱熹心系朝廷,他的性情使他不怕得罪人,敢于直指弊政。这也是正直知识分子的良心。

2

翌年三月,草长莺飞。

朱熹至临安垂拱殿受到孝宗召见,又面陈自己去年的见解。孝宗却不大以为然。他刚即位,还是遵循高宗的以和为主。宰相汤思退倡导与金讲和。朱熹和父亲朱松一样,坚决不同意议和。朱熹被召见后,又面见主张抗金的丞相张浚,提出北伐中原的具体想法。不久,张浚罢相,病死途中。朱熹闻讯后,悲痛难抑,专程赶至豫章(今南昌)哭灵。孝宗授朱熹为武学博士。三年后,又回到原来的地方,做了监潭州南岳庙。

过了一年,有人荐他为枢密院编修。刚上任不久,妻子刘氏病逝,就回家服丧。

乾道四年(1168),崇安大饥荒,百姓惶恐不安。朱熹一面请县府救济,同时劝豪民发藏粟以赈之。至秋,灾民获得丰收,于是如数归还官府赈米六百石。朱熹以此为基础建立了社仓法。

他的社仓法和王安石的青苗法一样,利息是二成。但不同的是遇到小饥荒,利息减半,大饥荒则全免。故而极得民心。后来就是他的学说遭禁,社仓法仍在不少地方推行。

朱熹有学生叫蔡元定,本地人,很聪慧。朱熹不把他当学生看,而是当讲友。此人通《易经》,也通堪舆。蔡元定在西山设"疑难堂",和朱熹在云谷的"晦庵草堂"遥遥相对。据说为了及时联络问学,故在两山悬灯相望,夜间相约为号,灯暗表明学有难处,翌日往来解难。元定每到朱处,朱必留他数日,论学经常通宵达旦。

此人不做官,一心问学。

1175年春夏之交,朱熹和江西陆九龄、陆九渊兄弟在信州(今江西上饶信州区)鹅湖山的北麓鹅湖寺相会。这个不大的地方有不少学者聚在一起,其中有不少朱熹讲学的朋友,如吕祖谦、汪应辰等。也有二陆的弟子。二陆是怪才,几乎没有师承。小陆比较极端,名气大,他比朱熹小,也属理学,但主张和朱熹不同。朱熹要"格物致知",要人多读书和对外物的观察来启发内心的知识。陆九渊则相反，不主张读书，说"心即是理"。吕祖谦是婺州（今浙江金华）人，既是朱熹的朋友，也是陆九渊省试的试官。他不同意陆九渊的学说，让来相会。结果辩论了三天，谁也说服不了谁。此后两人还有辩论。陆九渊的学说后来成为陆学，到明朝王阳明，得到进一步发展，成为著名的"心学"。

朱熹并不把做官当一回事。"内圣外王"，他倾心于"内圣"，也就是踏实做学问。淳熙三年（1176），朱熹四十七岁。参知政事龚茂良采纳吏部尚书韩元吉的举荐，以朱熹为秘书省秘书郎，朱熹坚辞。说自己"自幼愚昧，本无宦情……气质偏滞，狂简枉法"。

当代华人世界著名学者余英时说，按照柏拉图、亚里士多德的划分法，朱熹喜欢"静思的人生"。

但要说朱熹甘心老于山林，也不是实话。也许他认为自己的理学工夫此时尚不到家。

淳熙五年（1178年），经宰相史浩推荐，要朱熹出任南康（今江西星子县）知军，就是南康军的太守。朱熹又推辞，但不准。南康很美，背靠庐山，面临鄱阳湖，境内山峰林立，却又湖汊纵横。更让朱熹高兴的是庐山五老峰东南有一处白鹿书院。相传为唐代名士李勃讲学之地，因李勃喜欢养白鹿，后来书院就叫白鹿书院。此时已然荒废，朱熹决心重建书院，以振兴理学。十月的庐山，松雾枫红，他请求朝廷拨款，果然重建起来，亲自制定章程并讲学。

白鹿书院后成为四大著名书院之首。其他三大书院为岳麓书院、应天书院、嵩阳书院。岳麓书院也为朱熹后来重建。书院是他的阵地，看着陆九渊的高足转到他门下，他欣慰起来。不要说这是朱熹小心眼，这是派别之争。

上任不久南康发生灾荒，朱熹上疏要求减免租税。同时请求兴修长江石堤，既解决石堤失修问题，又可以雇用饥民，解决他们缺食问题，饥民纷纷称善。

朱熹上奏折，劝孝宗信奉圣贤，不要亲近失职的高官。并说大灾祸来临，是早晚的事，陛下还不知道。

孝宗大怒：我大宋就要完了？

朱熹是好意，让孝宗警惕。不想招致如此结果。

正巧朱熹有病,臂膀疼。请求一个官观的职务,没有得到答复。

3

宰相赵雄对皇上说:"士大夫们都喜好名誉,陛下厌恶他们愈厉害,而人们赞誉他们就愈多,这岂不是正好抬举了他们？不如根据他们的长处而加以任用,他们渐渐担任政事以后,能力的强弱真假也就看出来了。"孝宗认为赵雄说得不错。孝宗据说小时候很迟钝,但大了后就翻了个儿。

朝廷以其为江南西路常平茶盐提举。

朱熹很勤政,也很严厉。他严厉得让不少人不满。只干了五个月,就大有改观。正好浙东又有灾荒,宰相王准要朱熹提举浙东常平茶盐公事,并要当天就上路。朱熹并不听话,以纳粮救灾的人没有得到奖赏为由,辞谢任命。待朝廷对纳粮救灾的人实行奖赏以后,朱熹才接受。

他善筹划,刚接受任命,就写信到其他州郡,招募米商,免除税钱;等到任,外地船只运来的大米已汇集一起。

朱熹以巡按身份到台州后,每天都要出外访查。为掌握实情,他单车微服,走遍浙东全境,所到之处,人们都不知道他来过。官吏很怕他的严厉,有些人甚至自行离职而去,他所管辖的地区风纪肃然。但引起贪官滑吏的不满。

台州知州唐仲友也是个儒者,喜欢刻书。这是个会当官的,尽管荒年,他还要照章收税。并且用公款刻了不少书。此人和王准是亲家,提为江西提刑,正准备走。朱熹在去台州的路上,了解到唐仲友不法的事,上章弹劾,后又连上五章。

后来有人说朱熹是因儒学内部的事报复唐仲友。说唐仲友和吕祖谦有隙,朱熹趁机打击。但朱熹弹劾唐仲友的事,多半属实。

其中营妓严蕊一事,成为一桩公案。严蕊人漂亮,能诗。宋律规定,营妓不能有性服务,但唐仲友利用职权占有严蕊,被送到唐的老家黄州包养。其中过节比较多,因篇幅所限,不能细说。朱熹抓了严蕊,让严受了杖刑。最早说朱熹抓严蕊,用酷刑的是洪迈。洪迈是翰林,和朱熹素来不和。又与王准亲近。洪迈就在《夷坚志庚》里漫画朱熹。

王淮不得已,将唐仲友的江西提刑给朱熹,朱熹不接受。似乎弹劾姓唐的是为了官职,他当然不接受。后又主持台州崇道观、云台观等数年。

不过,一旦有百姓犯上作乱,他是要镇压的。这点没有商量。

周必大为宰相,周倾向朱熹,荐为提点江南西路刑狱公事,兵部郎官等。

福州人林栗为兵部侍郎,淳熙十五年(1188)曾和朱熹讨论《易》与《西铭》,观点不一致。林栗自认为精通太极、八卦之说,朱熹说他颠倒了。他大怒。朱熹以足疾辞不赴郎官。林栗弹劾朱熹:"本无学术,徒窃张载、程颐绪余,为浮诞宗主,谓之道学,妄自推尊"。叶适上书为朱熹辩护,说林栗的话,没有一句是实话,是小人对忠良的残害。叶适虽是永嘉(今浙江温州)学派,但和朱熹私交很好。

表面看是个人之间的争斗,其实保守官僚集团和理学家之间的争斗。理学家也变革,保守者不愿意。朱熹在和友人的信中说他的"大更改"就是治疗伤寒用的"大承气汤",剂量大猛。

随后朱熹上了一道长长的密折,并不是为自己辩白。他是关注朝廷,说了六件事,其中有太子的教育。说辅佐帮助太子,自王十朋、陈良翰之后,太子属官很少有称职的。时时奸邪诡谀、卑贱庸妄之徒,掺杂在里面。所谓的讲读,也只是用文章充数,没有听说他们有规劝谏戒的功效。太子的师傅、宾客已不再设置,而太子詹事、太子庶子这些官职也有名无实。朝廷的左右春坊就让使臣执掌,既没有启发太子崇尚师长亲近宾友、尊敬德行喜好大义的用心,也没有防止太子轻侮怠慢亲昵放荡、奇异邪恶夹杂而进的危害。应讨论以前的典章制度,设置太子师傅、宾客的官职,废除春坊使臣,而使太子詹事、太子庶子各自恢复行使职责。

这样直言不讳,孝宗还算好,没有再发脾气。要他主管太一宫,兼任崇政殿说书。朱熹极力推辞,被任命为秘阁修撰,管理一个外地的宫观。

1189年,光宗即位,任命他为江东转运副使,朱熹又以脚疾为由辞谢,改任为漳州(今福建漳州)知州。

在漳州,他极力推行经界法,就是重新丈量土地,打击豪强势力。

引起豪强不满，皇上下诏缓行。

此后还有多次任命，朱熹都推辞。有人荐其为太子属官，宰相留正说朱熹太刚正，到太子宫中怕不合适。朝廷让他为潭州知州。他还推辞，光宗说，潭州是国家的屏障，需要贤能的人掌管。朱熹这才上任。正逢洞獠（当时对仡佬等少数民族的蔑称）骚扰郡县，朱熹派人晓之以利害，洞獠人投降。

他又申明朝廷敕令法纪，加强武备，并制止奸吏的不法行为，兴办学校，倡导推行教化。他的弟子多，学者也多，都云集潭州。

1194年，宁宗即位，就发生了开头一幕。

不知道朱熹想没有想过这把年纪，竟要做充满荆棘的皇上侍讲。即便想过，他要是要做的。这人是不惧荆棘的。说不定正希望有荆棘。在荆棘中前行，是愉快的。猛士总喜欢荆棘的桂冠。

4

朱熹接到宁宗的圣旨："朕初承大统，未暇他图，首辟经帏，详延学士。……若程颐之在元祐，若尹焞之于绍兴。副吾尊德乐义之诚，究尔真心诚意之说。"

就是希望像程颐担任宋哲宗的老师，尹焞主讲宋高宗的经筵那样，为报答我尊德崇义的热忱，来发挥你真心诚意的学说。

附带说一下，程颐为哲宗崇政殿说书的时间并不长，因好直言而罢。朱熹曾编过《伊川先生年谱》。伊川是程颐的别号。

朱熹一定想到了自己这位老祖师的不妙结局，但朱熹还是想以自己的思想影响皇上。

朱熹已五十五岁。

宁宗劲头怪大，不仅钦点了朱熹为首的十名经筵官，还亲定了十本经筵讲书，宣布隔日一次，经筵官轮日赴讲，早讲于殿上，晚讲于讲堂。好像成了读书王。还一再问到朱熹。朱熹听说后，不禁兴奋。但也有彷徨，知道人君不好侍候。尽管如此，还是要试一试，知其不可为而为之。

九月底。钱塘江风光宜人。

落日熔金。霞辉映在六和塔上,有种惆怅。

浙江亭驿站,分外热闹。叶适、陈傅良和朝中名士刘光祖、彭龟年等都在此迎迓。叶、陈虽和朱熹在学术上有分歧,但也欢迎朱熹进朝。叶适为陈傅良弟子,此时为左选郎官。陈傅良此次也是侍讲之一,比朱熹小一些,但也是须发皆白。朱熹笑称他"老先生"。彭龟年是朱熹的高足,这次也是侍讲,见了格外亲切。

席中,说到此番进朝的目的,朱熹微微一笑,说,"自是要大更改。"所谓大更改,就是照朱熹以前对孝宗说的,扎扎实实按照儒家的路子做皇上。

赵汝愚是他们的领队。朱熹则为精神领袖。有人谈起大更改的步骤,朱熹却说,彼方为几案,我方为肉。此时不是谈论这事的时候。说明朱熹还是有忧虑。彼方当指韩侂胄。

十月二日,朱熹入临安。两日后就受召见。宁宗勉励朱熹说:"先生经术渊深,正资劝讲,以副我崇儒重道之意。"

朱熹也兴致勃勃,连上两道劄子,要新君真心诚意,孜孜不倦,自强不息,"以著明人主讲学之效,卓然为万世帝王之标准"。还编了讲义给宁宗。

次日。他问宁宗讲义如何?宁宗说:宫中常读之,大要在求放心耳。朱熹就高兴,回来对门徒说:皇上很不错,倘若有贤者辅导,天下有望。

宁宗还赐食于朱熹。

课程表又修订了一次:每遇单日早晚两次进讲,双日及朔望(初一、十五日)、旬休、假日停讲,大寒、大暑罢讲。

朱熹道:除朔望、旬休与过宫探望太上皇的日子,不论单双日都早晚进讲,只有朝殿的日子才暂停早讲一次。

标准还要高。

宁宗很欣然。

十四日在迩英阁开讲。从《礼记》中的《大学》开始。朱熹很注重《大学》。

朱熹虽年纪老迈,但一生讲学,声音洪亮:大学是曾子记述的,后传至于孟子。大学之道,在明明德,在亲民,在止于至善。知止而后有定,定而后能静,静而后能安,安而后能虑,虑而后能得。物有本末,事有终始,知所先后,则近道矣。古之欲明明德于天下者,先治其国;欲治其国者,先齐其家;欲齐其家者,先修其身;欲修其身者,先正其心;欲正其心者,先诚其意;欲诚其意者,先致其知;致知在格物。物格而后知至,知至而后意诚,意诚而后心正,心正而后身修,身修而后家齐,家齐而后国治,国治而后天下平。

"明明德,第一个明是使彰明,弘扬的意思。德是光明的品德。亲民的亲做新讲,弃旧图新。知止,知道目标所在。这一句的意思是在于彰显人人本有,自身所具的光明德性,再推己及人,使人人都能去除污染而自新,而且精益求精,做到最完善的地步并且保持不变。格物致知是认识研究万物,获得知识……"

这一章讲下来,有个把时辰,但朱熹并不觉得累。讲完后,他问宁宗:"圣意如何?"

宁宗满意地点点头。

《大学》是朱熹最倾心的,他自《礼记》中单挑出来,还加了改造,将"格物致知"加进去作为主旨。

5

朱熹一共讲了七次。第五次《大学》讲完之后,他联系实际。一般经筵之后都要有的放矢,但有的侍讲看皇上脸色,喜欢听了就多联系,或者联系得紧密。朱熹想望宁宗成为尧舜那样的君王,就不管不顾,联系得很紧。

其时,光宗尚未安葬,宁宗新登基搞了不少基本建设。再者宋孝宗的陵墓位置选择,也有问题,不是"坐北朝南",而是坐南朝北。浙江雨量充沛、地下水丰沛。长期下去对陵墓不好。他说,不恤民力、不顾及先皇未能下葬,安排新上项目不对。孝宗陵墓应改选能够坐北朝南之地,浙江没有,也可以在福建或者江西选址。

他言辞颇为激烈地说宁宗:"前未有求位之计、今未有思亲之怀",还说宁宗胸无大计且无情无义。

宁宗有些受不了,但还是说:看来紧要处,只在求放心啊。

这是让朱熹放心。

朱熹偏不放心。

其时,赵汝愚和韩侂胄对立已经严重。韩侂胄以枢密院都承旨得传递内批的职务之便,鼓动宁宗以御笔独断朝政。朱熹反对独断,他和彭龟年一起上章弹劾韩侂胄。还嫌不够,在讲课后,他说:陛下独断,即便有理,但也不是为治之体,以后将会生出很多弊端。何况朝廷内外传闻,无不疑惑,都说有左右或窃权柄。微臣恐怕名为独断但主威不免下移,想求治反而不免于生乱。

矛头直指韩侂胄。

韩侂胄哪是省油的灯,唆使优伶王喜受,刻了一具峨冠大袖的木偶像,在御前献演傀儡戏,仿效朱熹的举止形态讲说,既丑化讥讽朱熹,又试探皇帝。宁宗看后,不但不制止,反而还表示欣赏。

韩侂胄见有了时机,就道:"朱熹迂阔。"

宁宗早就不耐烦,朱熹太认真,什么事都要有自己的看法。只是原来自己的兴致那样高,怕骤然变化不好。此时韩侂胄一说,他表面没有表态,心里却已经有了让朱熹离开的想法。

朱熹当然不会知道,以为皇上还听得进,

闰十月二十日,经筵晚讲,朱熹依然讲《大学》。他说人君就是要端正品行道德,方能治理国家。"格物致知正心诚意",是孔子对三代帝王乃至殷周的总结,皇上不能"但崇空言,以应故事"。

宋宁宗的脸色有了变化,冷了起来。晚讲完,宁宗就颁下御笔:"朕悯卿耆艾,方此隆冬,恐难立讲,已除卿宫观,可知悉。"话很委婉,但已经是逐客令。

赵汝愚也没意识到这是韩侂胄向自己发起攻击的信号,还劝宁宗收回成命,说了很硬的话:一定要朱熹离开,赵汝愚就也离开。宁宗就很生赵汝愚的气。

陈傅良、刘光祖等都上书,但宁宗不听,说朱熹说的话,大都无用。彭龟年上书说要宁宗逐去朱熹的同时,也逐去小人韩侂胄。宁宗恼怒,贬了彭龟年的官。

是的,理学是事事处处规劝人向好的方面走,按照"礼"的标准衡量,但宁宗不愿意。

朱熹第二天得到旨意后,很痛苦,也很无奈。他想到了朝廷不会听他的,但没有想到会只四十六天就结束。他马上迁出侍从宅,寄寓到城东的灵芝寺。叶适和李壁到灵芝寺来看他。他还是一脸惆怅。李壁是史学家李涛的儿子,礼部侍郎。

两天后,朱熹从北城余杭门乘船南归。友人来饯行,席间,朱熹吟了沈约的诗:生平少年日,分手易前期。及尔同衰暮,非复别离时。勿言一樽酒,明日难重持。梦中不识路,何以慰相思。

调子很低沉。李壁请朱熹将这首诗写给他,好做留念,朱熹答应了。

表面上看朱熹被逐是陷入了两派之争,其实即便不陷入,朝廷也不会容忍。一是他个性直,和北宋的程颐一样,什么事都要发言。二是南宋皇上还不如北宋,所谓理学,也是装装面子而已。

正是隆冬时分,铅云密布,寒风凛冽。老先生立在船头,看着迅速逝去的两岸苍凉景致,品味着这次为帝王师的苦涩。

6

打击还在后面。

赵汝愚不是韩侂胄的对手。据说当初韩侂胄因拥戴有功,想求赏官。朱熹建议厚赏,让其不干预朝政。赵汝愚不采纳。此时,韩侂胄令人上奏说赵汝愚和皇上同姓不以为相。贬赵知福州。后又贬永州(湖南零陵),次年正月在衡州暴卒。

诬陷朱熹的道学为"伪学"是胡纮和沈继祖。两人都有韩侂胄的支持。胡纮值得一说,《宋史胡纮传》:"纮未达时,尝谒朱熹于建安,熹待学子惟脱粟饭,遇纮不能异也。纮不悦,语人曰:'此非人情。只鸡尊酒,山中未为乏也。'遂亡去。"此人就不是问学的,而是要吃喝的。朱熹一生勤俭,只是粗茶淡饭。这小子以为朱熹不近人情,就报复朱熹,编排朱熹。他改为太常少卿,就把诬陷朱熹的稿子交给沈继祖。

沈继祖先是校书郎,因说程颐为"伪学"而迁为监察御史。胡纮是监察御史。元庆二年(1196)十二月,两人上书说朱熹有论"不孝其亲"、"不敬于君"、"不忠于国"、"玩侮朝廷"、"哭吊汝愚"、"为害风教"等六大罪。还说朱熹"诱引尼姑以为宠妾","家妇无夫而孕"。主张斩熹之首,以绝朱学。史称为"庆元党案",闹得沸沸扬扬。放大了看,自宋至元,共有学案、党案九十一个,庆元党案是其一。

有个叫叶翥的,是枢密院事,紧跟韩侂胄,奏请销毁朱熹的书籍。

有人说蔡元定是朱熹的羽翼,朝廷令蔡元定到湖南道州编管。编管就是看管。蔡元定从容而行,朱熹和百余门人前往饯行,都很感伤,蔡元定却泰然自若,令朱熹感叹不已。

还嫌不够,朝廷又列"伪学逆党",官吏多达五十九人,包括周必大、陈傅良、叶适、彭龟年等。凡与他们有关系的人,也都不许担任官职或参加科举考试。

朱熹被迫上表认罪说"草茅贱士,章句腐儒,唯知伪学之传,岂适明时之用。"最要命的是还承认自己"私故人财"、"纳其尼女"等等数条,并说要"深省昨非,细寻今是",表示要悔过自新。

时代的悲剧。

虽说朱熹嫉恶如仇,但此时也不得不低头,躲过更大的灾难。

韩侂胄也是个极复杂之人,执掌权柄后,力主抗金,死于投降派之手。

九年后,韩侂胄死,党禁始解除。此时朱熹已去世两年,享年七十一岁。朱熹是在忧愤中去世的。死前还在修改《大学诚意章》。

朱熹回到老家建阳后,仍一心讲学,四方学子来求学的不断。偶而也外出讲学。两年后,他和门人到南城县上蛤蟆窝村讲学,写下了《观书有感》的著名诗句:半亩方塘一鉴开,天光云影共徘徊。问渠那得清如许?为有源头活水来。

朱熹为帝师,结果和愿望相差十万八千里,给自己和友人带来了灾难。后世有人一直贬抑朱熹,说是他性格固执造成的。也可以这么说,但还是简单了些。政治环境也要求他这么做,虽然他失败了。

朱熹在人们心目中印象不佳,主要是"五四运动"打倒孔家店以后,以为他是该泼掉的污水。

他有创造性,理学虽不是他创造,但却在他手上发扬光大。他是大教育家,学生数以千计。他会读书,总结自己的读书方法有六点:1. 循序渐进,2. 熟读精思,3. 虚心涵泳,涵泳是反复咀嚼。4. 切己体察,5. 着紧用力,6. 居敬持志。居敬是心无旁骛,精神专一。

他爱国,和陆游、辛弃疾两位豪迈的爱国诗人友情深厚。

陆游比他大五岁,折服于他的学问。淳熙五年(公元1178年),陆游被贬官到建安(建瓯市)任福建茶盐公事。就时常前往拜访朱熹,两人相见恨晚,后总有诗相互问答。即便是在遭禁之后,陆游还和朱熹保持良好关系。

1200年三月,知悉朱熹此事后,陆游悲恸地写下祭文:"某有捐百身起九原之心,有倾长河注东海之泪,路修齿髦,神往形留,公殁不亡,尚期来享。"

辛弃疾眼中,朱熹早就是帝王师,1193年九月,辛弃疾为福建安抚使,来建阳拜会朱熹。

武夷山,枫叶染红,溪潭流碧。两人诗兴大发,朱、辛各作《武夷棹歌》十首。辛弃疾其中一首说:山中有客帝王师,日日吟诗坐钓矶。费尽烟霞供不足,几时西伯载将归。

宋　濂
（明初 1310—1381）

性格坚韧不拔，家贫，苦学，后成就斐然，朱元璋称其为"开国文臣之首"，为太子经师，为朱元璋讲史，深入浅出。后为知制诰。孙子被牵连胡惟庸案中，全家遭流放，死于半途。

宋濂 明初 家境贫寒 求学刻苦 成就斐然 朱元璋 称其为开国文臣之首

麟康书于癸巳深秋

宋濂

1

现在看，宋濂在历史上不是很有名，但在明代初期，还是很有名，尤其是诗文。他和刘基、高启被称为"明初三大家"。朱元璋说他"开国文章之首"。

宋濂有不少文章，最著名的是两篇，一篇是《朱元璋奉天讨元北伐檄文》，一篇是《送东阳马升序》。檄文很有力，大骂元朝，不去说它。《送东阳马升序》是宋濂告老还乡的第二年，同乡马君则在太学读书，回乡拜见他。他为马君则写的序，被选入中学课本。文章述说自己少年时期如何刻苦读书，进而勉励马生勤勉努力。

可以看做是励志的文章，传达了宋濂读书的不少信息。文中说他"嗜学"，但家贫，没有书读。只好借书、抄书。"天大寒，砚冰坚，手指不可屈伸"，但他不敢懈怠。还说他到百里以外访学，先生很简慢，越是斥责他，他越是谦恭。等先生高兴时，再请教。最感人的是：

> 当余之从师也，负箧曳屣行深山巨谷中，穷冬烈风，大雪深数尺，足肤皲裂而不知。至舍，四肢僵劲不能动，媵人持汤沃灌，以衾拥覆，久而乃和。寓逆旅主人，日再食，无鲜肥滋味之享。同舍生皆被绮绣，戴朱缨宝饰之帽，腰白玉之环，左佩刀，右备容臭，烨然若神人；余则缊袍敝衣处其间，略无慕艳意，以中有足乐者，不知口体之奉不若人也。

为外出求学，大风雪中，他行在深山峡谷，几乎被冻僵。媵人（侍者）"持汤沃灌，以衾拥覆"，他才暖和过来。别的同学均是华丽的衣服，戴着有红缨装饰的缀着珠宝的帽子,腰间挂着白玉环,左边佩着刀,右边挂着香袋,光彩照人仿佛神仙一般。他一点也不羡慕。

实际情形还要复杂些。据说他求教的老师闻人梦吉,已经不收徒了。他冒雪行走数十里,但老师不见他。他数次拜访,把脚趾冻伤。第三次他独自去,掉到大雪坑里,幸被人救起。几乎晕倒在老师的门前,老师被感动,才收他为徒。

就是说他有大志向,即便再苦也无所谓。不在乎客观环境。就此能看出宋濂性格坚毅。事实上,有成就的人,几乎都是有大志向后,逆着客观行。一味顺着客观环境,很难成大事。

宋濂一生,几乎可以说是道德完人。既做过道士,也做过太子朱标的老师,和朱元璋的侍讲,但结局很不好,逃不脱朱元璋的铁腕。因孙子牵连到胡惟庸的案子中,全家遭流放,他中途死于夔州(今重庆奉节)。

宋濂,字景濂,号潜溪,婺州浦江(浙江金华浦江)人。似乎他一生就是读书、教书两件事。大半生读书,末期教太子和皇帝书。

婺州处于浙江中部,山水清秀明丽。婺江在这里如玉带一样流过,滋养着这里的男人英俊,女人漂亮,更妙的是学养丰厚,南宋后出了不少大学问家,如吕祖谦、陈亮等。由于学者众多,被称为婺学。

宋濂未足月而生,幼时多病。出生时,元代才建立了十几年。稍大后,一心向往读书。他的世界就是书的世界,没有人能阻挡他向前迈进。他一生主要时间在元代,积累能量,明初爆发,为巅峰。

九岁能作诗,被义乌豪俊之士贾思奎知道,怜其才,将女儿许给他。

宋濂人相貌俊伟,眼近视但很明亮,能在一个小黍上写十几个字,书法遒劲。他曾转师多人,吴莱在江南有名声,精研经书,执教于浦江东二十里郑氏的"东门精舍"。此处现在叫郑宅镇,在青萝山下。郑氏孝义传家,是当地望族。十五世同居共食达三百六十多年,最盛时有三千多人。二十来岁的青年宋濂前来求教,吴莱见宋濂眼含精光,谈吐不俗,收为弟子。1340年吴莱病逝后,宋濂在精舍执教二十多年。

2

青田的刘基来了。刘基字伯温,也喜欢读书、著书。不过刘基是才子型,一目十行,总是笑宋濂读得苦。当然他心底也佩服宋濂,说宋濂文章第一。刘基也写东西,他更喜欢的是寓言。有《郁离子》一书。他好兵,有奇计,海盗方国珍在海上纵掠,受元人招抚,授官职。然后再做海盗,再招抚。官职越做越大。刘基为行省都事,力主剿灭。没有人听他的。方国珍用重金贿赂他,他不要。

刘基做了两次官,但都不如意,索性不做。刘基自认为:读书我不如宋濂,计谋宋濂不如我。

宋濂问刘基,你见天整个罗盘转悠,堪舆是真是假?

刘基一笑:信就真,不信则假。宋濂摇头,不信。

王冕有壮志,年轻时甚至考察过边塞险要。好喝酒,会画画,不管什么东西,他大笔一挥,就惟妙惟俏。王冕绍兴诸暨人,大两人二十来岁。数次应试不第后,就很狂放。一个秋日的上午,他跂着一双烂鞋走来,怀里抱着一坛酒,一进门就大嚷:喝酒,来喝酒。

三人在院子里坐下就喝,宋濂和王冕都有一副长胡须,王冕的有些灰白,宋濂却很黑。太阳照在三人身上。王冕大骂:我看天要变了。宋濂急忙说,你喝多了,别乱说。王冕道,没有喝多,就是要变。你看如今腐败横行,卖官鬻爵,民不聊生,还不变天?

酒液顺着他的胡须朝下流,黄黄的阳光落在上面。

刘基却微笑着不说话。

三人似乎都在等着变天。朝代转化之际有奇人。比较起来,刘基、王冕比宋濂要奇。王冕后来大雪天,一人赤足上潜岳峰,边走边大叫;或者戴顶筛子那么大的帽子,穿拖地的长袍,翩翩而行,两袖飞舞。后来朱元璋攻取婺州后,王冕死,宋濂很伤痛,也很感叹,写了《王冕传》。

宋濂没有如此狂放。他还是教书、读书。

元朝是1368年灭亡的。1310—1368,这个过程对人生来说有点长,六十年换了十个皇帝,由盛到衰,到灭亡。宋濂全经历了。

不过此时还在挣扎中。

元人很看不起汉人,对文人更看不起,把人按职业划分为十等,第九是儒,第十是丐。儒生和乞丐列在一起。宋濂和王冕都是屡试不第,至正九年(1349),三十九岁这年,宋濂又一次应乡试不第,就对科举有看法,是自己有问题,还是科举的试题有问题?

此时宋濂的老师黄溍为元顺帝的侍讲。

次年,礼部尚书危素推荐宋濂为翰林编修,宋濂坚辞不就。原因可能是黄溍因年老要求辞朝,宋濂会失去庇护。

青萝山不高,但葱茏有致,郑氏为其在山中筑书室,宋濂名其楼为"青萝山房"。宋濂坐拥书城。

仙华山在浦江北二十里处,主峰七百多米,谷深林幽,宋濂入山作了道士,并易名玄贞子、号曰仙华道士。他是怕官府再打扰,说是做道士,其实是著书做学问,时间不长。刘基得知后,大为兴奋。为他吟歌,要他速行。

当然两人都在等待时机。有时宋濂也感叹,难道自己就如此碌碌无为一辈子?心情和诸葛亮未出山时差不多。

至正十八年,也即1358年春三月,朱元璋的军队下睦州(今杭州淳安),传言纷纷。朱元璋是濠州钟离(今安徽凤阳)一放牛娃,后加入韩山童、刘福通的反元队伍"红巾军",因精明能干,渐为总兵、江南等处行中书省平章等官,拥重兵。为避兵乱,宋濂遣家人避到诸暨勾无山,自己仍在家不动。六月十八日,朱元璋下浦江,他才到勾无山。

十一月,其妹为明兵所执,女子不从,跳崖死。宋濂只有这一个妹妹,闻讯后,大哭不已。

3

是年十二月,朔风凛冽,朱元璋取婺州,改婺州为宁越府,并设中书分省。不识字的朱元璋此时已有夺天下的心,聘请当地名儒十三人,每日讲经论道。元人看不起儒士,我偏要恢复儒士的地位,既是从文化上反元,也是收拾人心。不能不说这个长相极其丑陋的人,有很深的心机。一有闲暇,他必定也要来听上一段。

次年正月二十六,宋濂正在家中,一队骑马的军士来叩门,为首的是宣使樊观,呈上金币和一封信,说是朱大元帅要开郡学,聘请他为经师。随着还有朋友戴良的信。戴良上月已是十三人中的一员。他说朱元璋天纵英才,正是我等用武之地。

宋濂的心动了。他已经五十岁,头发已有不少变白,再不出山就没有机会了。他也有犹豫,为自己卜了一卦,说有文物吉祥。

第二天,他就来到婺州,见朱元璋。朱元璋果然礼贤下士,言必称先生,相谈甚欢。

随后,刘基也被聘为军师。刘基开始并不愿跟随朱元璋,朱元璋二次又派人来,刘基才下了决心。

夏天,宋濂和刘基等出双溪,买舟沿桐江向西至金陵(今南京)。忽然有一人带着黄帽子,穿白鹿皮裘的男子立在岸边,对着刘基笑,刘基赶忙请他入船。宋濂一问,知道是散人徐方舟,有诗名。两人都相互听说过,于是更加高兴,在船上置酒唱和。不过徐方舟并不喜欢刘基仕明,刘基劝说也没有用。此事表明宋濂、刘基能看准方向。

宋濂是第一次到金陵,金陵很有气势。长江穿城而过,西面的石头城其状如虎,东面的钟山则蜿蜒如龙。诸葛亮当年叹道:"钟山龙盘,石头虎踞,此帝王之宅。"就此后人就说金陵是虎踞龙盘。朱元璋看好此地。

刘基见到朱元璋的见面礼是"陈时务十八策",讲如何对付陈友谅和张士诚。朱元璋很兴奋。

七月,宋濂为江南儒学提举。

十月,为太子朱标授经。当然朱标现在还不是太子,不过在朱元璋的心目中,六岁的儿子已经是太子了。他自己没有受到良好的教育,他要为儿子弥补,将来好继承他。

朱元璋将朱标视作掌上明珠,他对宋濂道:"先生教导他,当以正心为本,心正则万事皆通。不可单单以背书为能事。"

宋濂当然知道儒家的"心法"是什么。自尧舜开始,有贤德的君王相传心法为:德、仁、敬、诚。"敬则治、怠则否,勤则治、荒则否,亲君子则治、近小人则否。"人君要有德性,要仁义,要诚信,要修身敬事。敬天敬事就会大治,懈怠就会乱。勤政就会大治,荒废就会乱。亲近君子就会大治,亲近小人就会乱。其中尤以仁义为中心。

这是孔孟总结的帝王之术,到宋代,经二程和朱熹的发展,更加完善。其实不仅帝王,就是一个普通人,也是需要这些道德修养。作为人君,当然更加重要。因他要教化天下。不过话说回来,朱元璋话是这样说,该杀人时还一定要杀人。这个纵横天下的君王才不会为了仁义而放过杀人。说不定他认为杀人还是大仁义呢。

朱元璋交代完后,又小声问,先生教书打不打人?宋濂笑了:我教学生很严,但从来不打。成材料的树不用修。

朱元璋放心了。他不喜欢老师打他的儿子。称帝后,他请有个叫李希颜的来教皇子们,李希颜就是严,动不动就用板子打,让皇子们头上起包。朱元璋大光其火,还是马皇后劝他,他才不说什么。

六岁的小孩子正是打基础的时候,宋濂每日教他礼仪,教他读书。朱熹和他的弟子当年曾编一本书叫《小学》,是专门让小孩子读的。里面有立教、明伦等等。就是进行教导,明白人伦。小朱标也很懂事,很仁义,对宋濂很尊重。

朱元璋忙于争天下,还有不少大敌如张士诚、陈友谅要消灭。教育儿子的重担就落在宋濂肩上。朱标也依赖这个一肚皮学问的老头子。

宋濂实诚,不敢有一丝懈怠,连朱元璋的夫人马氏也感动。不让单单背书,倒是难住了宋濂。他自小就是背书,老师也不解释意思,就是让背,等背会了再解释。他想了半天,决定讲故事,从尧舜禹讲起,讲他们如何以民为本,为百姓着想。大禹治水三过家门而不入等等。还讲孔子有三千弟子、七十二贤人。每逢这时,朱标就睁着大眼睛听他绘声绘色地讲,然后问道:大禹就不想妈?他笑了,想啊。可天下的百姓,他更想啊。朱标似懂非懂地点点头。

除了教儿子,还要教老子。

朱元璋要努力像个帝王的样子,一有闲暇就读书。1362年,宋濂为朱元璋讲《春秋》。这是一本经孔子删定的鲁国史,也是儒家的经典之一。

宋濂早就滚瓜烂熟,他目光炯炯地道:"《春秋》是孔圣人褒善贬恶之书,是王者之道。'隐公元年,春王正月'。元是周文王开始,春是一年的开始。'三月,公及邾娄义父盟于眜'。这句话的意思是三月,隐公及邾娄义父在眜地盟会……"

宋濂一句一句讲解，尽可能讲得通俗明白。

结束之后，他又道："司马迁在《史记·孔子世家》中说：'夫春秋，上明三王之道，下辨人事之纪，别嫌疑，明是非，定犹豫，善善恶恶，贤贤贱不肖，存亡国，继绝世，补敝起废，王道之大者也。'就是说分辨历史中让人疑惑的地方，辨明了是非对错，确定了让人犹豫的地方。表彰善行，抨击恶行，推崇贤人，鄙视不贤。大元帅如能遵行王者之道，赏罚适中，天下可定也。"

朱元璋点点头，说好。

用我们现在的话说，《春秋》里有汉人的性格和文化，故而朱元璋说好。其次以宋濂为首的文化人，也是帮他用文化打天下。还用现在的话说，有统一战线的作用。他当然要说好。只怕说一个还不够。

4

元至正二十三年（1363），朱元璋和陈友谅大战鄱阳湖，刘基随从朱元璋身边，激战之时，炮火连天，二人的坐船被击翻，不是换船快，差点死掉。但最后还是大破陈友谅。

比较而言，宋濂是太平日子。

朱元璋回到南京后，专门建礼贤馆，让宋濂、刘基等住进去。

一天，宋濂正在教朱标读《孝经》。汉代就是以孝治天下的。"朕闻上古，其风朴略"，他说一句，朱标念一句。一苍劲一稚嫩的声音，此起彼伏，很有意思。朱元璋走来，宋濂也没有察觉。原来朱元璋写了一首诗，要送给宋濂。宋濂接过来一看：聪明心地实无欺，灿灿文章真可梯。论道经邦谁解及，等闲肯于佞人齐？

老实说，朱元璋的诗就是顺口溜，但一个放牛娃出身的能写这样的诗也不易，更重要的是对他的肯定和赞扬。宋濂急忙说，好好！

朱元璋一共给宋濂写过两首诗，都是赞扬的。在宋濂看来是莫大的荣誉。当然无论这荣誉怎样大，该杀你时候一定杀。

翌年正月，朱元璋就吴王位，立朱标为世子。

朱元璋喜欢和臣下在一起说帝王之学。这天，在端门，朱元璋对宋濂说："黄石公的《三略》很好。"说着，一句一句解释起来。《三略》是兵书,一般认为黄石公是后人托名,真实人物不可考。

宋濂不以为然,却说道:"《尚书》二《典》三《谟》,乃是帝王的大经大法,愿吴王一一讲明。"

朱元璋不高兴:"我怎么不知道《典》《谟》是治国之道?只是《三略》是兵书,现今应以兵为先。"但他马上就脸色变暖问:"帝王之道,先生以为读何书为好?"

"南宋真德秀的《大学衍义》为帝王修身之本,有明道术、辨人才、审治体等等,可以细览。"

朱元璋让人取来《大学衍义》看后,很是高兴,令人将其写到新落成的大殿两庑之壁上,时时观看。

宋濂要以儒家的面目来塑造朱家父子,老子有定见,不容易塑造,但影响一些总是好。

又有一天,朱元璋和宋濂说起关于赏赐之事。宋濂又说:"天下以民心为本,得人心,即便帑藏少也没有事。不得人心,虽有金帛,也没有用。"

江西有军队抢了老百姓的牛,朱元璋令归还。没有牛的,官方给牛,还不要租税。朱元璋办了好事,问宋濂如何?他想得到宋濂的赞扬。宋濂当然赞扬:民众富足,君王也不会贫穷,民众贫穷,君王难道独独富足?捐利于民,这是实干兴邦的真正之道。

朱元璋好高兴。当然朱元璋的民本和宋濂不一样。宋濂的民本是君权民授,所以一切为民。朱元璋是君权天授,民本是为了君权。不过能如此影响,就算不错了。

三月,正当鹅黄嫩绿时,宋濂却病了,头脑昏沉。有五六天不能上殿,朱元璋急忙问左右,左右说病了。朱元璋令人去看,几天后仍不见好,就又令他回家休养,说人年龄大了,容易思乡。回家可能对养病有利。

宋濂走时,朱元璋送了金帛。宋濂到家,还没有忘记朱标,写信要朱标好生进业修德,不要懒怠,以副天下之望。此举令朱元璋好生感动。

在家养病期间,宋濂的父亲故世,宋濂丁忧。期满后返京。

1368年，朱元璋在南京称帝。标志着明朝建立，十三岁的朱标成为太子。

　　朱元璋命人在宫中修建大本堂，藏了很多图书，作为皇子们的教育基地。又命左丞相李善长兼太子少师，右丞相徐达兼太子少傅等等，这些官只是挂名，表示重视。真正起作用的还是宋濂。

　　在宋濂的影响下，朱元璋对儒家学说很上心，让人把《洪范》写在御座的右边，好随时观看，并说："朕看《尚书·洪范》真是帝王为治之道，故而能用来说天下的常道、立皇极、保万民、叙四时，我看是来源于天道而显于人事。箕子为周武王陈说之时，武王还自谦说：'五帝之道，我怎么能做！'朕总是很惶恐。"

　　十二月，朱元璋要修《元史》，命宋濂、王祎为总裁官。王祎是宋濂很相得的学友。

　　翌年八月，书成。除宋濂为翰林学士、中大夫、知制诰。兼修国史。

　　宋濂推荐杨维桢。杨维桢也是名望很大的文士，诗人，精通书画，喜欢声色，做过元朝的江南儒学提举。后辞职居松江（今上海）。门上写着榜文："客至不下楼，恕老懒；见客不答礼，恕老病；客问事不对，恕老默；发言无所避，恕老迂；饮酒不辍车，恕老狂。"朱元璋曾数次派人去请，他躲走。兵丁追，遇到他，他把紫旸宫念成柴汤官。兵丁以为其不识字，放其去。

　　能把杨维桢请来，朱元璋很兴奋。

　　宋濂和他是老友。杨维桢比宋濂大，一把白胡子。两人相见，分外高兴。三个月后，杨维桢完成了修书任务后，坚决要离开京城。到家后没有几天，就去世。临死前，嘱咐门人请宋濂为其写墓志铭。

　　宋濂闻讯后，很感叹，为老友写了墓志铭。他赞赏老友旷达。

　　有天，朱元璋大宴群臣，朱元璋举起大觞，说：你要一饮而尽。宋濂说，老臣不胜酒力，一饮就醉。朱元璋道，醉了也不妨。宋濂只得饮了，果然眼前有些朦胧晃荡。只见朱元璋在御案上挥笔写了一首诗。于是群臣争先献诗，宋濂排在第一个。

　　五月，天大热。有知了在树上鸣叫。朱元璋要剖符论功臣，五等一下的让宋濂把关。宋濂住进大本堂，朱元璋日夜和他商讨，看谁合适，谁不合适。

宋濂就用汉唐以来的标准衡量，适合的就上奏。

宋濂此时可谓文坛领袖，请写墓志铭和文章序言的极多。虽然润笔费不少，但他很烦。他不是书画家，但喜欢鉴赏。宫中有不少真迹，他拿来看。看得多了，眼就很毒。有人拿来一幅禽鸟图，说是宋徽宗的。他一看笑了，宋徽宗的画是有画押的。这哪里有？

皇太子朱标画了一幅农夫图，请宋濂题跋。宋濂题跋："国以民为本。而民之至苦，莫甚于农。有国家者，宜思悯之，安之。宋之儒臣真德秀有见于斯，尝请于朝，欲绘农夫、红女劳勩之状，揭之宫掖，布之威里，使六宫嫔卿、外家近属知衣食之所来。盛矣，其用心也。"

还是希望太子为天下百姓着想。

5

说不清是为了什么事，七月的一天宋濂和王祎误了上朝，同被降为编修。年底，宋濂擢国子司业。

洪武四年，又因考证孔子礼奏不及时，而被贬到安远（今江西宁都县南）为知县。安远在江西最南端，六十二岁的宋濂自南京至安远，要经庐州（今合肥）、九江、南昌、赣州，然后才能到安远。这也是宋濂一生到的最远的地方。朱元璋不允许任何人犯错。即便是最亲近的人。

但刚到不久，就被召回，为礼部主事。

洪武五年（1372）底，宋濂为太子赞善大夫。

宋濂在元末，文章尚具批判精神，但在朱元璋面前，却是不敢了，除了引导朱元璋学儒之外，不敢有其他。

翌年七月，宋濂为翰林侍讲学士，知制诰，兼太子赞善大夫。九月，朱元璋欲以其参政为中顺大夫，他推辞说：臣无他长，待罪官中已知足了。

宋濂没有野心。他知道自己的本事是文字，不愿意从事政务。这是一，其二是具体政务很危险，弄不好就有性命之虞。宋濂如此小心，但孙子还是牵连到胡惟庸案。

十一月十五日，宋濂和刘基被朱元璋在乾清宫的便阁宴请，宋濂喝了酒，走路左摇右晃，朱元璋看着很开心，做了一首诗。

这只是一面。朱元璋骨子里瞧不起文人。他曾召见晋王府右傅桂彦良，说你是江南唯一的大儒。桂彦良吃一惊，说，臣不如宋濂、刘基。朱元璋不以为然：宋濂不过一文人耳。刘基太严厉狭隘。

也可说他猜疑刘基。此时的宰相是胡惟庸，这是个让刘基很看不上的小人。朱元璋曾问过刘基，胡惟庸可以当宰相吗？刘基摇头。

胡惟庸能干，也很会整治人，朱元璋欣赏。刘基就告老还乡。

朱元璋最怕别人称王，刘基深通堪舆，当初在金陵建都就是刘基看的地气。胡惟庸说刘基看中了一块有帝王之气的地方，要据为己有。朱元璋恼了，免了刘基的俸禄。刘基害怕，病中到京师道谢。

宋濂和刘基的关系，朱元璋自然知道。有天，他问宋濂，刘基何时回家？他的病到底如何？宋濂只有老实作答，说有霜露之疾，很快就回去。意思是风寒感冒。朱元璋让胡惟庸派医生去看病。

刘基到家不久就去世。是年为洪武八年（1375）。

朱元璋此时不一定相信刘基，但还相信宋濂。他派人侦察过宋濂。《宋史·宋濂传》有如下记载：

> 宋濂尝与客饮，帝密使人侦视。翌日，问宋濂昨饮酒否？做客为谁？馔何物？濂具以实对。笑曰："诚然，卿不朕欺。"间问群臣臧否，濂惟举其善者。帝问其故，对曰："善者与臣友，臣知之；其不善者，不能知也。"

两件事，第一件是他要人侦察宋濂和朋友喝酒的事，说的结果和他听禀告的结果一样。此事可见朱元璋对谁都不放心。他需要的是忠心。其二是朱元璋问臣下好坏，宋濂只拣好的说，不好的他不知道。一方面是他小心，其次也是聪明。

刘基返家后不久去世，宋濂自是悲伤。

次年，擢宋濂儿子宋璲为中书舍人。孙子宋慎为殿廷仪礼司序班。朱元璋笑着对宋濂说：卿为朕教导太子，朕也要好好教导你的子孙。

6

又一年的年底，刑部主事茹太素上书万言，其中有"才能之士，数年来幸存者百无一二,今所任率迁儒俗吏"。朱元璋恼怒,问宋濂,宋濂说:"他只是对陛下尽忠罢了,陛下正广开言路,怎么能够重责他呢?"晚上回去想想宋濂的话有道理,翌日,又令人从奏章中拣了可用的数条,又把朝臣们召来说,假如没有景濂(宋濂的字),我几乎错误地怪罪进谏的了。

宋濂年老,行动不便,朱元璋让朱标挑了一匹白马,连同朱元璋的《赐学士宋濂白马歌》送给宋濂,后又送一匹黄马。

宋濂这把年纪,很忙。既要当考试官,又要制定大明法律、大明历什么的。

现在宋濂官至三品。有人弹劾宋濂奏事不该自左门入,朱元璋一笑,宽恕了。

这天,有个年轻人来拜访他,名叫方孝孺。宋濂一看方孝孺的文章,连连称奇,就收方孝孺为弟子。方孝孺后来为明惠帝侍讲。比较有意思。宋濂的老师黄溍到方孝孺,连续三人都为帝师。

洪武十年(1377)正月,宋濂致仕。这一年宋濂六十八岁。朱元璋作诗送别。朱标赠了三袭衣裳。正月初六陛辞,初十坐船沿桐江回婺州,二十七日到家。

九月,宋濂又进京。朱元璋很高兴,修了一座观心亭,要宋濂写《观心亭记》。两个月后,宋濂返回老家。

后来两年的万寿节,宋濂又进京两次。朱元璋赐诗给宋濂。如果不是胡惟庸事发,宋濂也不会有事。

胡惟庸被杀有些奇妙。牵连数万人,前后达十几年。被认为是明初四大案之一。

据说刘基死,就是胡惟庸串通大夫毒死的。

洪武十三年(1380)十一月,胡惟庸说自己的旧宅井内涌出了醴泉,是祥瑞之兆,请朱元璋去看。到西华门时,说一个名叫云奇的太监,突然冲到朱元璋的车马前,紧紧拉住缰绳,急得说不出话来。卫士们立即将他拿下,乱棍齐上,差点要把他打死,可他仍指着胡惟庸家的方向,不肯退下。

朱元璋感到事情不妙,立即返回,登上宫城,发现胡惟庸家墙道里都藏着士兵,刀枪林立。于是立即下令将胡惟庸逮捕,当天即处死。

宋濂的孙子宋慎是怎么和胡惟庸案扯上的,不可考。但朱元璋杀了宋慎和宋璲,还要连宋濂一并杀。

　　七十一岁的宋濂正在家中,被京城来的缇骑捉住,押往南京。宋濂小心大半辈子,无论如何没有想到会是这样的结果。

　　王鏊《震泽纪闻》中说,宋濂致仕后,每年万寿节总到朝庆贺。这一年上楼台阶有些难,朱元璋说先生老了,明年可不再来。第二年,朱元璋忘记说过的话,见宋濂没有来,就让人去接,没有接到。以为有病,让人到家中探视,结果发现宋濂在和一帮人会饮赋诗,顿时大怒,命杀之。

　　王鏊的话近乎小说,未必可信。但究竟朱元璋为何要杀他,恐怕只有朱元璋知道。

　　后人揣测胡惟庸案是冤案,朱元璋怕宰相篡权,胡惟庸案后,废了丞相,罢了中书省,只设六部,将权集中在皇帝手中。准此说,波及的宋濂就更是冤枉。

　　马太后看不过眼,出面劝道:"民间延请一师,还十分恭敬,宋先生教导太子和皇子多年,如何能杀?何况即便宋慎有罪,宋濂已致仕,哪有的罪过?"

　　朱元璋不听。

　　朱标听说后,也急忙对父皇跪下,哭道:"父皇,宋先生教孩儿有功。宋先生为大明竭尽心力,父皇怎么能这样对他?"

　　朱元璋拉下脸来:"等你为皇上后再饶恕他!"极有可能,朱元璋就是怨宋濂对朱标的教育太儒家,太仁义。

　　已经二十五六岁的朱标很仁慈,见不得父亲动不动就杀人,此时见说不动父亲,不由悲从心来,退下后,就直奔宫外的护城河。朱标生父亲的气,自己连个老师都救不下,还有何脸面活在世上,干脆陪宋先生去了。

　　一纵身,跳到了河里。

　　古今太子,为了救老师而自杀,怕朱标是第一人。

　　也可见两人的感情深厚。

7

朱标没有死,被人救了上来。据说朱元璋听说儿子被救上来后,又喜又恼说:我杀宋濂和你有何关系?

午饭时,马皇后命左右上素食,朱元璋问,为何?马皇后说:听说今日宋先生赐死,故而为先生素食冥福。朱元璋醒悟,下令免死。

一说吃饭时,马皇后不吃肉,朱元璋问为何?马皇后说,你就不能不杀宋先生?

朱元璋扔下筷子就走。

翌日,朱元璋下令,将宋濂全家贬往茂州。

茂州的治所在今四川茂县,就是汶川地震的那个地方。

阴沉的天上,飘起了雪花。河岸上很少有人,金陵至茂州,近四千里,宋濂知道这一去就再也回不来了。宋濂将行,将遗稿、画像都交予门人郑柏。据说,宋濂曾和宋慎被关一处,宋慎说:都是你读万卷,才有今日。

宋濂反驳说:还是我读书少,没有明白明哲保身的道理。读书何罪?

宋濂从来没有走过这样远的路程。上年老妻病亡,儿子、孙子又被杀。如同万箭穿心,但他还是不后悔读书。

庐州、鄂州(今武汉)、夷陵(今湖北宜昌),翌年五月到夔州,即今天的四川奉节。宋濂病在一个寺院里。有二十几天不吃饭,端坐而逝。

十一年后,朱标病死。没有来得及当皇帝。主要是朱元璋活的时间长。皇帝不退位,太子就压抑。何况朱元璋又很厉害。

尽管如此,宋濂的帝师是够格的。朱标自小受儒家教育不用说,朱元璋虽是以法家为主,但毕竟受了影响。

不过也让我们知道,帝师并不易。时时刻刻,头上都悬有一把利剑。

方孝孺
（明初 1357—1402）

散文家、学者，骨头硬，被鲁迅称为"台州式硬气"。有江南第一大儒之称，曾为蜀献王世子师，后为惠帝翰林侍讲。不懂兵，于燕王朱棣发动的争夺皇位战争中失败，誓死维护惠帝，被朱棣所杀。

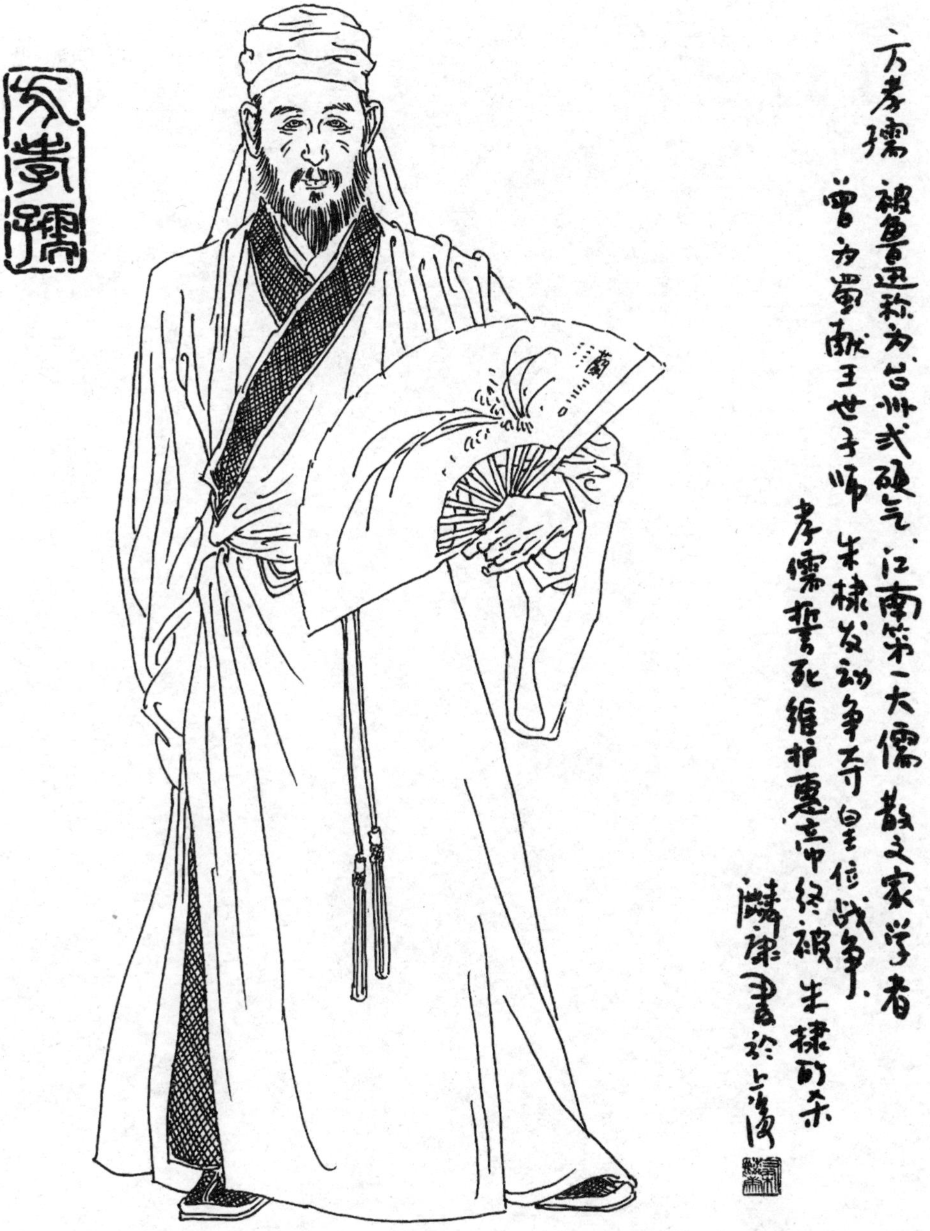

方孝孺

方孝孺，被鲁迅称为"台州式硬气"，江南第一大儒，散文家学者，曾为蜀献王世子师，朱棣发动争夺皇位战争，孝儒誓死维护惠帝，终被朱棣所杀。

濮德书于上海

方
孝
孺

南京雨花台东麓的一处小土坡上,有座不起眼的墓,墓碑上刻着一行红字:明方正学先生之墓。

方正学,即明大儒方孝孺。正学是他的字。

方孝孺的性格激烈,人生遭遇,堪称悲壮。为惠帝翰林侍讲,成祖朱棣夺位后,要方孝孺草拟即位诏书,方孝孺不从,十族被诛。方孝孺也被凌迟。年仅四十六岁。一百八十三年后平反,墓为大戏剧家汤显祖所建。碑上的字为清朝代两江总督李鸿章题写。

方孝孺被杀前,和尚军师姚广孝曾跪求朱棣:你不要杀他,他是读书种子,杀了他,读书种子就灭绝了。

被称作读书种子的,方孝孺是第一人。

1

方孝孺,浙江台州府宁海人。宁海在浙江东部,依山傍海。天台山和四明山在此交汇,峰峦叠嶂;象山港与力羊港南北相映,宁静美丽。宋元之后,浙东人文环境浓厚,理学家形成学派,叫响全国。

台州出硬人,鲁迅在《为了忘却的纪念》中说柔石和方孝孺都是"台州式硬气"。鲁迅在方孝孺身上找到他和二人相通的地方。

1357年,方孝孺出生在宁海缑城里。父亲是方克勤。母亲为林氏。方孝孺弟兄三人,他是老二。方孝孺三岁识数,虚岁六岁能作诗。次年母亲病故,小小的方孝孺此时还不知道死亡意味着什么,这无疑是个沉重的打击。好在继母对他不错,但十二岁那年,继母也病故。

方克勤很正直一个人,做过县训学,洪武四年(1371)为济宁知府(今山东济宁)。

方孝孺九岁会背《春秋》、《诗》、《书》等五经,而后下笔写文章,千言立就。乡人目为"小韩子"。唐代的韩愈文章高妙,被称为韩子。此时已经十五岁的方孝孺,跟着父亲来到济宁。

方孝孺喜欢读书,想做伊尹、周公那样的宰相。不少人说他不自量力,说他狂妄。他倒不以为然:他们不也是人吗?同样也吃五谷杂粮。我为何就不行?

这是他为自己定下的目标。

济宁好,齐鲁大地是儒家文化的发祥地。方孝孺到曲阜朝孔子,至邹县拜孟庙。与此同时,发奋读书,自孔孟到张载、二程、朱熹,无所不读。

十六岁,他独自去拜访战功显赫的曹国公、朱元璋的外甥李文忠,和李交谈后,李文忠甚惊奇,"敬礼之,期为国士"。

正茁壮成长的方孝孺无论如何没有想到父亲会有一场大灾祸。正想他日后想不到朱棣会篡权一样。

方克勤政绩很好。上任之初,就张榜公布,民有不平之事,可直接到府告状。他治理济宁四年,百姓富庶。洪武八年,方克勤受到朱元璋称赞。济宁属县一县令程贡,和御史杨某为至交,任上玩忽职守,被方克勤考核为不称职。

程贡怨恨,就告状说方克勤舞弊。朱元璋猜疑心极强,要人调查,正巧派杨御史到济宁。方克勤很廉洁,杨御史微服两个来月查不出东西,就严刑逼供所有胥吏。据说,没有一人招供。

方克勤不愿胥吏受苦,就对冤枉不做任何辩解,遂被逮入京。孝孺和哥哥孝闻来到京城,上书愿"以身从军,赎父罪",但没有人理。方克勤被"谪役江浦"。江浦在今南京江浦。到江浦做劳役。

父子相见,弟兄两人都是大哭不止。

方克勤要孝闻照顾自己,孝孺到京拜名儒宋濂为师。做父亲的认为这个儿子会在学业上有所成就。

洪武九年(1376)春,方孝孺带着以前所写的文章,来到宋濂府上,宋濂一看,大为惊奇,就收方孝孺为弟子。还说,做学问不仅是弟子拜老师,老师收了一个好弟子,也是很难得很高兴的事。并预言方孝孺要成为凤凰。

宋濂弟子很多,但方孝孺为第一,这是不争的事实。

有个传说,是说朱元璋有次得了灵芝甘露朝宴大臣,赐酒于宋濂,并命宋濂作文庆贺。宋濂到家后酒醉,不能作文。醒来连连惊呼,要死了,要死了。方孝孺说已代老师作了一篇。呈给朱元璋后,朱元璋很兴奋,但又一看,不似宋濂所作。宋濂就说是弟子方孝孺作的。朱元璋让方孝孺来见他,并当场考试,让他做了一论五策,朱元璋看后很兴奋,赐方孝孺绯袍、腰带,并设宴,让宋濂作陪。方孝孺竟毫不谦让,坐于上席。朱元璋很不高兴:这人怎么这么倨傲?

这个传说是后人根据方孝孺的经历编造的。一是说方孝孺有才,二是说他性情倨傲。不然不会被杀。方孝孺不会傲到不懂礼貌的地步。

2

九月,朝中"空印案"起,又牵连了方克勤。

空印,就是有印章没填内容的账册。按照规定,每年府、州、县都要到户部报告收支状况,如有错,就要重新造册。往来一趟,很费时日,就预先带上盖有印章的账册好填写。朱元璋认为这样做就是舞弊,杀了各地掌印的几百人。程贡见又是机会,再次诬告。

方克勤在病中,听说后,就一病不起,终于病故。

父亲的死,对方孝孺是一大大的打击,让他认识到朱元璋重典的弊处。

次年,宋濂致仕,回到金华。方孝孺也来金华,拜见老师。这次,他是要跟着老师扎实做学问了。

四个寒暑,他学了不少东西。宋濂已是近七十岁的老人,倾其所学,教授方孝孺。方孝孺不仅是跟着老师做学问,也从老师身上看到如何做人。

夜晚,凉风习习。天上一个月亮,婺江一个月亮。师徒二人坐在院子里。宋濂捋着白胡子道:"儒家最紧要的就是仁,就是中庸。"

方孝孺问,"仁好说,就是修道,如何方为中庸?"

宋濂笑起来:"不偏叫做中,中就是天下之正道;不易叫做庸,庸就是天下的定理。我任太子师和侍讲,就是讲这个道理。在老朽看来,太子很懂仁和中庸。"

老师话里有话,意思是朱元璋对儒家不如朱标。但宋濂不明说。方孝孺问,"当今圣上……"宋濂忙拦住话头说:"当今圣上出身贫寒,但天纵英才,世所罕见。"

方孝孺的性情和宋濂不同。宋濂处处小心,方孝孺却敢作敢为。但两人都正直无私,品性高洁。

洪武十三年(1380)秋,方孝孺离开恩师,回宁海看望祖母。他和兄长一起编了父亲的文集,刻印后分赠亲友。

就在此期间,宋濂被逮死于夔州。方孝孺听说后,伤心之至,要赶往夔州,因家中有难,没有成行。他将满腔悲愤倾注于祭文中:"公之量可以包天下,而天下不能容公之一身;公之识可以鉴一世,而举世不能知公之为人……"

他是为老师鸣冤,也是为父亲鸣冤。

方孝孺不可能看到是整个专制的危害,他所做的是尽可能站到制高点上,看到危害的程度。

东阁大学士吴沉是浙江兰溪人,当年和宋濂一起被征兆为讲经师。此时听说了方孝孺,就推荐于朱元璋。另一位大臣揭枢也推荐了他。

1382年正月,天气正寒之时,方孝孺自宁海出发,经杭州至南京。自洪武三年,朱元璋下令科举停了后,人才就是举荐。

朱元璋在奉天门召见了方孝孺,问了他不少话,他答得都让朱元璋满意。

朱元璋让他做一篇《灵芝甘露策》,他立马写就,开篇就说,"圣人有非常之德,故天地有非常之征",圣人有不同寻常的德行,天地才有不同寻常的征候。接下来说灵芝、甘露的不易,没有盛德,就不会出现。笔锋一转,说人中的异常之才更是重要,圣人"尤贵之重之"。文章不长,五六百字。但言简意赅,朱元璋看后,喜上眉梢,说:"异才啊。"然后转头问揭枢,"你和方孝孺比如何?"

"胜臣十倍"。

朱元璋对方孝孺说:"你父没有罪,是奸臣陷害。"一句话,让方孝孺很感动。似乎对朱元璋的不满全没有了。

朱元璋又让方孝孺去见太子朱标。朱标和方孝孺有不少话题,谈得很拢,谈到两个人的老师,二人都很沉痛。

朱元璋又赐宴礼部,席间暗中让人把座位放偏,但方孝孺却把座位挪正才坐。朱元璋甚喜。

但朱元璋并不打算用他这个"灵芝甘露",对朱标说:"此壮士,当老其才以辅助你。"是年方孝孺二十七岁。

方孝孺所学就是宋濂的儒家理论——君王只要仁义。和朱元璋的理念对不上号。朱元璋是以法家为主,用重刑。他欣赏霹雷手段,杀掉所有能危及明廷安全的大臣和开国名将。德庆侯廖永忠,鄱阳湖之战出生入死,死的罪名是私自穿绣有龙凤图案的衣服。能征惯战的蓝玉骄傲,不把朝廷放在眼里,以谋反的罪名杀了,受牵连的一万五千人。

倘若不是将名将杀得差不多,他孙子的皇位当不会动摇,方孝孺也不会死。

朱元璋不用方孝孺,于是他只好又回到宁海。史料没有说方孝孺的心情,我估计不会好。这是个要为朝廷拿主意的人,结果不用他。

自宋濂到方孝孺,不是看不到朱元璋的真实面目,但仍要坚持为儒家而献身,也可说为仁义而献身。

当然如果苛求的话,也可说他们过于执著,但就辅佐帝王来说,一味坚持"王道",是不可取的。方孝孺有些"霸道"的话,惠帝也不会被赶下台,历史很可能改写。古代的知识分子就是执著,司马光、朱熹、宋濂,无不如此,一旦抱定一个观念,至死不变。

3

其后十年,方孝孺就待在家里做学问,或者教授几个学生。弟兄两个既不善治家,也不经营别的。

三十岁这年,打摆子,一时高烧,一时寒冷,卧床不起,家里竟一时揭不开锅。家人说,"快要断炊了。"他倒不急,反笑道:古人有三旬九食,瓶无储粟的,贫困难道就是我一人?说罢,又吟了诗出来:

朝餐浆一盂,莫食蔬一盘。
胸中六经灿一斗,笔底万卷驰波澜。
人笑先生穷,不耻先生叹。
……
纵令先生穷至老,犹与日月争光明。

穷且益坚,这就是方孝孺。

他有不少学友、弟子。他有气场,能吸引他们。卢原质是他姑母之子,比方孝孺小一些。时常问学于孝孺。后廷试第三名,为官清廉,极得百姓称道。林嘉猷则是孝子,师从孝孺。他们同登巾子山。巾子山不高,但很名胜,古木参天,绿荫蔽日,间或露出寺庙道观。他们一路笑谈,登上峰顶,俯瞰大地,褒贬古今人物,何等意气风发。

事后还津津有味回忆说,这是苏东坡死后三百年不曾有过的乐事。

洪武二十年(1387)的一天,方孝孺正在家中读书,京师来了一帮凶煞恶煞的人,逮了孝孺一家数十口就走。问原因,说是邻里一家触犯刑律被逮,这家人不知为何说和方孝孺的叔叔一家有关,还牵连到方孝孺。

有天,朱元璋看到有司的名册上有方孝孺的名字,他知道方孝孺的为人,不可能做坏事,就点名将方孝孺释放,准允携妻儿回家侍奉祖母。

虽说无罪释放,但无疑是个打击。方家的生活更其艰难,除了教书所得,就是用不多的租税度日。

和朱元璋的第三次相遇,是洪武二十五年底。

还是大臣的推荐,朱元璋再次召见他。做了一番详谈后,朱元璋还是不打算用这个人。注定两个人无缘。但朱元璋驳不过众臣的情面,给了方孝孺汉中府学教授的职位。从九品。方孝孺已经三十六岁。

翌年正月,方孝孺带着全家离开江南北上,奔赴陕西汉中。妻子郑氏,一个儿子,两个女儿,五口人。

自宁海经杭州、鄂州至夔州,他寻到了恩师宋濂的墓,在墓前失声痛哭。闰四月,抵达汉中。

这颗读书种子到了汉中,就要在汉中发芽、结果。

方孝孺讲课,并不一味让背书,而是以文义为主,串讲王道。他激情四射，议论古今。来听课的挤满了府学，最高峰有两千多人，为历史之最。

是年四川秋闱，布政使要方孝孺主持。结束后，又奉命至京城取贡士。

两年后，蜀献王听说了方孝孺的名声，一定要请其为世子的老师。蜀献王叫朱椿，是朱元璋的第十一个儿子，喜欢读书，举止文雅。朱元璋叫他"蜀秀才"。方孝孺有建言，朱椿也乐意听从。

方孝孺请求朱椿给予宋濂遗孤以照顾。朱椿也答应下来。让方孝孺的心得到安慰。他一直比较拮据，从九品的官俸很少，每月米五石、钞二点五贯。

京师秋闱，朱元璋又要方孝孺进京主试。

4

一场大动荡就要到来。

动荡是因朱元璋的死，因燕王朱棣。

朱元璋是洪武三十一年（1398）闰五月去世的。这个活了七十一岁在位三十一年的雄主，最怕的就是他死后天下大乱。他有二十六个儿子，此时不仅太子朱标先他而死，就连二子、三子也死去。他把皇位传给了朱标的儿子朱允炆。

第四子朱棣不服气。朱棣认为他应该为皇帝。朱棣继承的是朱元璋的因子，雄强能猜，杀伐决断。十一岁时被朱元璋封为燕王，二十一岁驻守北平，抵挡元人的残余。魏国公徐达教授他兵法。他娶了徐达的女儿为妻。此时三十九岁，已成为独当一面的藩王。

二十一岁的朱允炆和朱棣相比，正好是反向：温和儒雅，喜好读书，甚至有些腼腆。仁义是他的理想国。向往尧舜那样的帝王，很有些像朱标，如果没有朱棣的存在，还可以勉强在皇位上待下去。

所谓帝王之道，就是王道和霸道，也就是胡萝卜加大棒。少了那一样都不行。

成问题的还有朱允炆身边没有一个政治军事干才。他有两个人，一个是黄子澄，一个是齐泰。两人都是书生。

黄子澄以前在东宫伴读,后为太常寺卿。齐泰为兵部左侍郎,被任为兵部尚书,但也不懂兵。

不过战局尚未拉开,眼下让我们看看方孝孺进京。

六月初,大地如同蒸笼一样,方孝孺接到朱元璋要其进京的遗命。

方孝孺很欣喜,出头之日终于到了,而且是出大头,有种"天将降大任于斯人"的感觉。他急忙打发郑氏和四个孩子回宁海,自己则到京师。一路上,似乎都有喜鹊在叫。

朱允炆立时召见方孝孺,所谈甚欢。二人政见几乎相同,都是要仁义治国。朱允炆授他翰林侍讲。作为侍讲,本是给皇上讲书。但后来时局的变化,成了主持朝局的第一人。

次年,又迁为侍讲学士,五品。自从九品一下子到五品,上了好几个台阶。此后也没有宣布他参与管理国政,但朱允炆信任他,事事都听他的。君臣两人看上去就像一个人。侍讲和皇上如此融合的,他们是第一对。

方孝孺和朱允炆显然没有意识到危险正一步步逼近。

他写诗说:"黄门忽报文渊阁,天子看书召讲官。"意思是诏他进宫讲书。

其实这个时候的朱允炆并不需要他再灌输儒家理论,朱允炆已经够儒家了。但方孝孺以为还不够,他对朱允炆讲孟子的话:

"君之视臣如手足,则臣视君为腹心;君之视臣如犬马,则臣视君为国人;君之视臣如土芥,则臣视君为寇仇。"

朱允炆大点其头。

极有可能,方孝孺要实现宋濂的理想。宋濂的理想在朱元璋那里得不到实现,方孝孺就在朱允炆这里实现。

方孝孺有一套政治思想和经济理论。看到土地兼并严重,他要推行井田制。井田制是西周时的产物,王莽曾经推行过,但失败了。好朋友王叔英劝他:时间不对。他听不进。如果不是后来的靖难之役,方孝孺就会成为第二个王莽,也会失败。

食古不化,任何时候都不行。

"陛下,当今要改制,要有新政。陛下是第一关,要放权于大臣,不要只是陛下一人独揽。其次是纳谏,听得进臣下的话。魏征早就说过,兼听则明,偏信则暗。"

朱允炆笑了,"自朕做起,好。朕问你,朕裁并州县,精简机构,裁减冗员这些举动是否得当?"

"好得很,陛下裁减之举,就给人全新之感。臣以为还可升六部尚书正二品为正一品,提高尚书之地位。国子祭酒应自从四品晋为五品,不知陛下以为如何?"

朱允炆当然允准。

方孝孺又提出要宽刑狱,"以德主治,依法辅之",以及减轻赋税等等。

5

削藩是朱允炆早就设计好的。朱元璋曾三次将他的二十五个子孙们分封各地为王。藩王有军队,少则三千,多则数万。宁王朱权"带甲八万,革车六千"。燕王朱棣的势力比宁王还大。他还是皇子时,就对诸王坐大很忧虑。有天他问黄子澄,黄子澄说,诸王仅有护兵,只能自守。倘若有变,可用六师监之。西汉文帝、景帝削藩,七国灭亡,抵不过朝廷的强势啊。

朱允炆很以为然,放心了。其实他不知道自己不是汉景帝。叔叔朱棣也不是刘濞。

方孝孺当然也同意削藩。

从结局看,即便不削藩,朱棣也会找借口争夺皇位。

对朱允炆来说是两难,不削不行,叔叔们不会放过他。削也不行,他对付不了叔叔们。不过此时朱允炆以为能对付得了。

也不是所有大臣都同意武力削藩。高巍是前军都督府左断事,他对朱允炆说用"推恩"的办法,也就是将权力分封给所有子孙,分散权力。朱允炆摇头,齐泰、黄子澄也不愿意。其时方孝孺还没有到南京。书生们想做回诸葛亮吧?

齐泰要先削朱棣。黄子澄说朱棣势力大,不如从弱的削起。再者周、齐、湘、代、岷诸王,在先帝时就有不法行为,削之有名,今日要问罪,宜先自周王开始。削周王就是剪燕王的手足。

朱允炆欣赏黄子澄。事实上,又搞颠倒了,给了燕王充分准备的机会。如下棋,开始就错步。

代王朱桂是朱元璋的第十三子,封地在大同,朱桂性格暴躁,常有暴虐部下的事发生。消息传来,正是收拾朱桂的好时机,方孝孺却说,"应以德化之,让其到蜀王那里去受教"。朱允炆也点头。

方孝孺在自知之明上,还不如他的老师宋濂。宋濂基本不介入政治。但方孝孺不,他介入得很深很深,到了不能自拔的地步。

削周王朱橚没有费太大的事,朱橚在开封,是朱棣的胞弟。开封离北平近,很容易联手。他的次子举报他图谋不轨,朱允炆遣太子太傅李景隆突袭开封,将朱橚逮捕,押送到云南。

1388年十二月,朱允炆就有所动作。遣工部侍郎张昺为北平布政使,谢贵、张信为都指挥使,企图架空朱棣。

至1399年四月,湘王朱柏、齐王朱榑、岷王朱楩相继被废,朱柏还自焚而死。

就剩下一个燕王朱棣。

姚广孝是朱棣的高参。此人是僧人,法号道衍,三角眼,面目不善,极富谋略,儒释道三家皆通。早年和宋濂为友。史料没有说他认识方孝孺,但两个人应该相互了解。姚广孝也是个要实现自己抱负的人,他不喜欢踏实做和尚,也是要介入政治。后被人称为黑衣宰相。据说是他最早对朱棣说朱有九五之份。

朱棣和朱允炆处于一场较量之中。

朱棣的三个儿子在南京做人质。朱棣就装病装疯,非要儿子们回来。朱允炆打发他们回北平。

是年七月,朱棣开始出兵。借口是"靖难",说皇上身边的齐泰、黄子澄不是什么好东西,要收拾掉。和"清君侧"一个意思,先剪掉皇上身边的党羽,再收拾皇上。

三年的战争。历史上称"靖难之役"。

朱允炆令张昺等逮捕朱棣,但有人告密,朱棣反将张昺等逮捕并杀死,还攻下了北平。势如破竹,仅二十几天,就横扫北平周围。有不少地方主动归附,他们很有眼色,反正都是朱家的事。

能将几乎被朱元璋杀完,朱允炆没有将领可用,用老将耿炳文带十三万人马伐燕。

八月,鄚州(在今河北任丘)一战,耿炳文败北,退守真定(今河北正定)。朱允炆听信黄子澄言,令李景隆代替耿炳文。李景隆不知兵,号称有五十万人马。

但朱允炆和方孝孺都没有意识到战争的严重性,他们于战事紧张之时,还在津津有味地"日与方孝孺辈论周官法度",就是每天商讨周礼上官员的设置和法律建设。两人都要恢复周礼。

周礼其实是乌托邦,再加上以前改变朱元璋做法的政策,引起了很多大臣的不满。故而战争中,有不少站在朱棣一边。

6

北方战事正紧。

朱棣看出李景隆的草包,决定诱敌深入,自己率大军到永平去救援被围困的军队,让世子朱高炽和姚广孝守城。李景隆来攻北平,围攻一个月,竟攻不开,朱棣返回来将李景隆打了个稀里哗啦。

李景隆率先逃跑,朱允炆不知实情,竟奖励李景隆。标志朱允炆定然失败。

建文二年(1400)四月,李景隆又集结军队和朱棣在白沟河(今河北雄县北)一战,依然大败,逃到济南。朱允炆闻讯,撤了此人。

次年三月,朱允炆罢了齐泰、黄子澄。朱棣请求下诏罢兵。方孝孺见是实施缓兵之计的机会,遂建议道:"诸军大集,燕兵久羁大名,暴雨为沴,不战自罢。急令辽东诸将入山海关,攻永平;真定诸将渡卢沟桥捣北平,彼顾巢穴归援,我以大军蹑其后,必成擒矣。今宜且与报书,往返逾日,彼心解而众离,我谋定而势合,机不可失也。"

方孝孺几乎是纸上谈兵,且不说军队听不听他的,想靠一封信打败朱棣,几乎是空想。

朱允炆没有别的诏书,就让他起草诏书,还写了一封榜谕燕军的诏书,意思是不要跟着朱棣。印了一千张,让大理寺少卿薛岩送给朱棣。

薛岩本是个见风使舵的主儿,他还没有到,朱棣已经又攻下几个城池。他只将诏书交给了朱棣,榜谕却不敢散发,偷偷扔掉了。也许他看出这是枉然。

真正用缓兵计的是朱棣。

五月,朱棣又要朱允炆罢兵。说只要朝廷早上撤兵,自己晚上就可以回北平。朱允炆以为是真的,就要撤兵,倒是方孝孺说,燕王不会撤兵的,这是缓兵计。陛下只要一撤,他会立即进军。

朱允炆这才醒过来。

方孝孺的门生林嘉猷,是第一个禀告燕王要谋反的。为陕西佥事时,曾出入燕王府。此时对朱允炆说,可修书一封给朱高炽,令其归顺做燕王。这是一个离间计。

于是方孝孺就起草了一封书,令人送给朱高炽。没有想到朱高炽不想反叛父亲,书信没有打开就交给了朱棣。

离间计又流产。

此时的方孝孺已经看到了结局。这天,他听到了杜鹃的啼叫,那一声连一声的叫声,十分凄厉。他挥笔写下了《闻鹃》:不如归去,不如归去。一声动我愁,二声伤我虑;三声思逐白云飞,四声梦绕荆花树;五声落月照疏棂,想见当年弄机杼;六声泣血溅花枝,恐污阶前兰茁紫;七八九声不忍闻,起坐无言泪如雨。忆昔在家未远游,每听鹃声无点愁。今日身在金陵土,始信鹃声能白头。

"不如归去"是模仿杜鹃的叫声,也是说自己不如归去。以前在家听到杜鹃的叫声不发愁,但现在愁上加愁。"泣血溅花枝",兆头很不好。或许此时方孝孺已经有了以身许国的思想准备。

年底,朱棣率军南进。

方孝孺大病了一个多月,极有可能是看到朝廷朝不保夕。局势在朝很不利方向发展。1402年五月,朱棣占扬州,攻克仪真。

方孝孺奏道:事急矣,宜以计缓之。遣人许割地。稽延数日,东南募兵当至。长江天堑,北兵不闲舟楫,相与决战于江上,胜败未可知。有点像给自己和朱允炆打气。

朱允炆求和,但朱棣不答应。

"长江可当百万兵,江北船已遣人烧尽,北师岂能飞渡?"方孝孺又宽慰朱允炆。

谁也没有想到右军都督佥事陈瑄降了朱棣,陈瑄掌握长江水军。

这一下,打开了门户。

紧接着,朱棣抵达南京,李景隆开城门。

六月十三日,靖难之役告终。朱允炆下落不明,有说在大火中烧死,有说逃走。

朱棣遂称帝,为成祖。朱棣很英武,也很明断,是个很称职的皇帝,也和朱元璋一样,开始了屠杀。他要清理掉不忠于他的人。杀人太多,据说连后世的乾隆也觉得残忍。齐泰、黄子澄不用说,方孝孺也在其列,但有姚广孝的劝说,方孝孺可以不死,但必须降他。

7

朱棣四次派人要方孝孺去见他,他不肯见。最后逼他去见,他穿着一身丧服来见,一见朱棣,就放声大哭,朱棣大为恼怒。

方孝孺就是要激怒朱棣,让朱棣杀他。

朱棣让方孝孺的门生廖镛、廖铭来劝说,方孝孺斥责他们不懂大是大非。门生脸红着离开。

朱棣此时还没有即位,要人起草即位诏书,姚广孝说,"他人不足以服天下,必须方孝孺。"

朱棣再次诏方孝孺。方孝孺又是着孝服,大哭不止。朱棣皱起眉头。

"先生不必要自己苦自己,我这是效法周公辅佐成王。"周公是周武王的弟弟,周武王死后,儿子成王十三岁。周公辅佐周成王。

"成王在哪里?"方孝孺问。

"他烧死了。"

"为何不立他的儿子?"

"国家依赖年长的君王。"

"为何不立他弟弟?"

朱棣很不乐意地走下丹陛,"这是我的家事。"说着要人呈上笔墨,"今天这个草诏,非你不可。"

方孝孺拿过笔来,大书四字:"燕贼篡位。"然后将笔掷于地下,边哭边骂:"死就死,要草诏不可能!"

朱棣大怒:"你要死,就不顾你九族?"

"就是十族,又能把我怎么样?"

朱棣的面孔涨得通红,他还没有见过这样的人,即命武士将方孝孺的嘴割裂到耳边,方孝孺挣扎着骂声犹不绝。朱棣将方孝孺关进大牢,令逮他的族人,每逮一人,都让从他面前过,他看也不看。

六月二十五日,南京的天热得人喘不过气。聚宝门外的刑场上聚集了很多看客。

先杀方孝孺的弟弟方孝义,方孝孺看着弟弟就戮,流下了热泪。孝义却临危不惧,吟了一首诗:"阿兄何必泪潸潸,取义成仁在此间……"

方孝孺为有这样的好弟弟而感动。

方孝孺最后引颈就戮。年仅四十六岁。

朝廷还不解气,又宣布刑后又买方孝孺肉的,赐金。

次日逮捕方孝孺十族八百余口,杀了七天才杀完。

一代思想家、帝师就以这样的悲剧方式终结了。在所有帝师中,方孝孺是死得最惨烈的一个。但可以肯定的是,至死他都不后悔自己为帝师。

一百八十三年后,明神宗方为方孝孺平反。

方孝孺之死,对后世是个沉重话题。有说死得值,也有说是愚忠。自己死也罢了,逞一时之快,连累十族。明代思想家李贽批评方孝孺读书太多,读糊涂了。

方孝孺并不是十全十美,性情过激,不该介入政治太深等等。但方孝孺死于他的理想,死于数千年来的崇高气节,还是值得肯定的。

高 拱
(明中 1512—1578)

穆宗为裕王时,高拱任侍讲学士九年,精心讲学,二人关系密切。后两次为首辅。励精图治,胆识过人,积极实施改革,但也专横,斗倒了一个个政敌,但在和张居正争斗中,不及张老谋深算,落败。

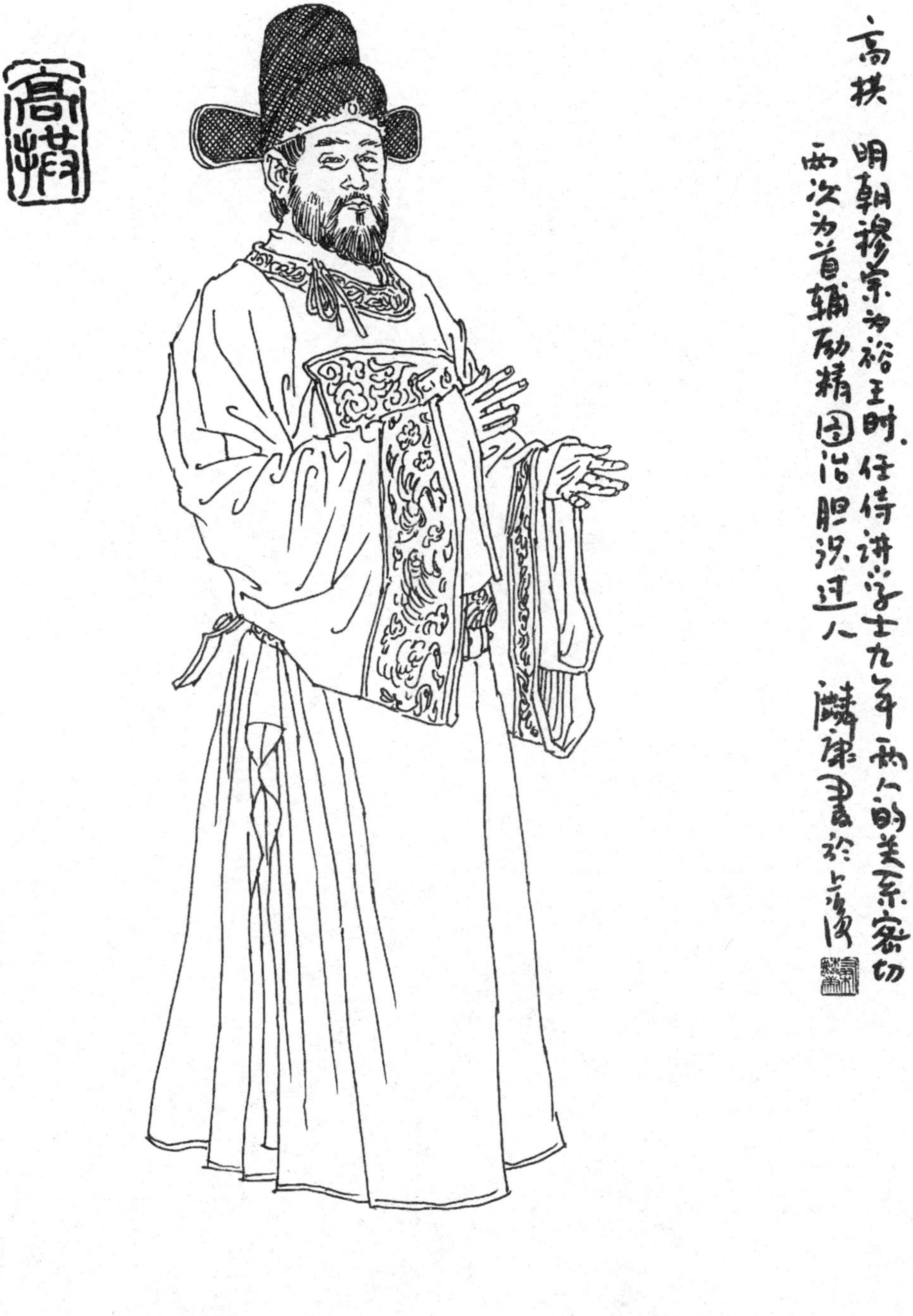
高拱
高拱 明朝穆宗为裕王时，任侍讲学士九年，两人的关系密切
两次为首辅，励精图治，胆识过人
麟康画於上海

高拱

1

明正德七年(1512),河南新郑高老庄,高尚贤的一个孩子呱呱坠地。高尚贤喜不自禁,这是他第三个儿子。老父高魁更喜,高魁做过工部虞衡司郎中,看不惯宦官刘瑾,就辞官赋闲在家。高尚贤前两年中举,正在准备会试。

这孩子就是日后穆宗的老师,曾两任首辅的高拱。

不消说高拱很聪明,这样的家庭,家教很严,高拱勤学苦学。嘉靖二年(1523),高尚贤为山东学政,高拱随父到山东,拜济南名师李麟山为师。李麟山曾诰封中宪大夫都察院右佥都御史。李麟山见高拱为文雄沉开爽,常出人意表,便对高尚贤说:"此儿日后当为国家栋梁。"

高拱跟随李麟山学了五年,十七岁中举第一名,为解元。但中进士却蹉跎了十三个年头。十三年中,他又师从贾咏。贾咏是河南临颍人,做过礼部尚书,学问深厚。随后高拱在开封"大梁书院"读书,做教师,私淑王廷相,读了王廷相的大量著作。王廷相和高尚贤是同事,做过南京兵部尚书。唯物主义的大学者,为人耿介,为官清廉。

三十岁的高拱相貌瑰奇,为人磊落,有胆识,但也自负。

朱棣称帝后,定都北京,进行了大规模的建设。京城很气派,紫禁城的宫殿极其巍峨壮观。

高拱中进士后,做了一年庶吉士,因成绩优异,嘉靖二十一年,即1542年,被授为翰林编修,就此步入仕途。

他用十年积累自己的学问,也经营各方面的关系。

嘉靖三十一年,朝中有很多事,最大的事是宫女们要勒死朱厚熜,也就是嘉靖。一个宫女慌乱,将绳子打成了死结,恰好来人了。朱厚熜还没有死成。他不上朝,信道教炼丹,还做了道冠要大臣戴。不上朝不等于不管事。奸臣严嵩会巴结,成了炙手可热的人物,渐渐扳倒了首辅夏言。

高拱还年轻,只有看着高层诡谲的争斗。高拱哪一边都不站,这样好,免得受连累。他有大理想。

朱厚熜有八个儿子,但只活了三个。次子朱载壑,嘉靖十八年被立为太子,十三年后死去。就在这一年,朱厚熜为裕王、景王行加冠礼,让迁到皇宫外去住。三子裕王就是后来的明穆宗。之所以迁到外宫,是因朱厚熜听道士说二龙不相见。裕王比景王只大一个多月。

是年八月,裕王、景王同时出阁讲读。高拱幸运地成为裕王的讲读,开始了九年的讲读生活。

这一年,裕王十六岁,高拱四十一岁。

同时成为裕王侍讲的还有检讨陈以勤。陈以勤和他是同年。另外还有两名伴读,两名侍书。

2

朱厚熜对两个儿子的教育很重视。次年二月,两个皇子成婚后一个多月,就恢复了讲读。按照东宫讲读仪注,都是先讲读《四书》及经书或史书。朱厚熜以为不然,召见大学士严嵩等说:应以《大学》为先,然后是《中庸》、《论语》、《孟子》。要熟记彻讲,从《书》入《经》。卿等圈点二皇子的字,写得如何?

严嵩等连连点头称是,说皇上追念皇考训恩,欲令殿下及时力学,臣等不胜钦仰。遵照皇上旨意办理。皇子每天写一百个字,臣等都每日圈点,二王的字笔画端正,有不少进步。

《明世宗实录》上没有讲明这次召见有没有高拱等讲官。估计没有,朱厚熜不喜欢召见下臣。

讲读分春秋两季,各三个月。春季自二月到五月,秋季八月到十一月。天太热太冷都不适宜。

高拱后来专门写了一本书,叫《日进直讲》,就是直讲的内容。他在序言中说:"拱乃于所说书中,凡有关乎君德、治道、风俗、人才、邪正、是非、得失之际,必多衍数言,仰图感悟,虽出恒格,亦芹暴之心也。"

他把自己的治国理念贯穿在对裕王的讲述中,在上述几个方面,超出程朱理学的格局,有独创的阐述和发挥。

高拱眼睛很亮,有一部很好看的大胡子。人称"高胡子"。讲课时,时不时总捋一把。讲官首先要抓住听者的心,要启发听者思考。

"裕王殿下,臣有一言,古书说的未必都对。就是圣贤书也要好生思考、消化,不宜人云亦云。要用功,但又不可死钻牛角尖。既要读进去,又要跳出来。此时是要读进去,以后就得跳出来。"

裕王从来没有听人这么说过,又有些似懂非懂。什么叫跳出来,怎么个跳法?

高拱微微一笑,"比如说宋代的程颐,对《春秋》用功最多,但过于穿凿。"

高拱对朱熹搞的《大学》有看法,以前并没有单独《大学》一书,是朱熹从《礼记》中单挑出来做了注解,还进行了改造。后来又作了《四书章句》,朱熹曾经很自负地说他的《四书章句》多一字少一字都不行。虽极为倾心,但理解有误。当今朝廷却把它作为科举考试的主要内容。

"殿下,《大学》是朱熹自《礼记》中摘下的,还添加了自以为是的内容,裕王看,是读《礼记》好,还是读《大学》好?"高拱要了个滑头,也可叫策略。朱厚熜让讲读朱熹的《大学》,他主张读《礼记》中的原著,让裕王来决定,双方都不得罪。

"两个都读,不就明辨是非,看出好坏?"裕王道。

高拱一惊,还是裕王聪明。自己就没有想出来都读的办法。

先讲《大学》。于是殿中响起高拱洪亮的声音:"大学之道,在明明德,在亲民,在止于至善……"

数月之后,接着又讲《中庸》,裕王听得津津有味。裕王很可能要给老父亲朱厚熜一个好印象,故而很勤奋。因为他和景王都在争取那把龙椅。照说他应该坐,但朱厚熜看好景王,他宠幸景王的生母卢靖妃,照理景王是要离开京城就藩到德安府(今湖北安陆)的,但以种种理由不去。这也是朱厚熜自太子死后不立太子的原因。

宫中有种种议论,裕王很心焦。高拱其实心里也七上八下,景王一且坐上龙椅,自己肯定不会好过。

严嵩眼尖,看出皇上喜欢景王,对裕王就比较冷淡。

高拱对严嵩不卑不亢。据说他还在做编修时,有年严嵩做寿,去了很多高官,高拱也去了。但他却发出了怪笑,引起了不少人的白眼,严嵩正楞的时候,他却吟道:大鸡昂然来,小鸡悚而待。这是唐朝韩愈诗里的一句,高拱用来调侃严嵩见下属的傲态,严嵩听了,反而笑得直不起腰。

严嵩之子严世蕃还要霸道些,严嵩又高又瘦,严世蕃却短而肥,还只有一只眼。看上去很邪恶。他是工部左侍郎。他竟克扣裕王的月银和岁赐。据说,裕王给了他一千五百两银子,他才给了月银和岁赐。高拱和陈以勤去严府,见到严世蕃,严世蕃还不客气地说:听说你们裕王府对我有看法啊。

高拱只得赔着笑脸:严大人,这是从何说起?没有的事。

高拱处在严嵩父子和裕王的夹缝中,就内心来说,他倾向于裕王,但他也不得罪严嵩父子,而是调和。

他对裕王说,"殿下,当今你地位不明,更要益敦孝谨,敷陈剀切。"意思是要越发孝敬,向皇上的奏章要切中事理。

裕王感激地点头。不能心急,不能惶恐。他把高拱几乎当做父亲一般看待。高拱也没有儿子,对裕王简直像同自己的儿子一般尽心。他仿佛一道亮光和清风,能驱散裕王头上的阴霾。史料说他多方调护,虽没有具体说明,但他内外做了很多工作是应该肯定的。

陈以勤也做了不少工作。有一天,严世蕃问陈以勤:听说殿下近来有些迷惑,不知对皇上说了些什么?陈以勤十分严肃地道:"国本早就默定。裕王生下来就取名载垕,从后从土,首出九域,此君意也。"因垕字是土字上有一后,后在远古是国君的称谓,后在土上是表示君有大地。故而陈以勤将垕字作了上面的解释。陈以勤接着又说:"其他王子殿下的讲官都是检讨担任,独裕王的讲官兼用了高拱编修,这就是相辅的意思。裕王殿下还常说今首辅为治国的能臣。你从哪里听说这些话?"

作为高拱、陈以勤不容易,也不轻松。既要像韩愈说的"传道、授业、解惑",还要维护自己学生的地位。比一般的老师还要难。就某种程度来说,保护地位甚至比教书还要重要。他需要谨慎处事,不张狂。高拱本不是个谨慎小心的人,但此刻也不得不小心,怕万一惹祸,就一切完事,包括裕王。

七年后,高拱迁为翰林侍讲学士。

3

又是两年过去,到嘉靖三十九年,九年时间,眨眼过去。

高拱被荐为太常寺卿,管国子监祭酒。是首辅严嵩和次辅徐阶共同荐的。徐阶是松江府华亭县,也即今天的上海奉贤区人。此人身短、白,喜酒,善于韬光养晦,和严嵩有一争,在暗里使劲。

高拱赴任之时,裕王恋恋不舍。高拱安慰裕王:臣走之后,陈以勤等也和臣一样,请殿下放心。裕王先后写了"启发弘多"、"怀贤"、"忠贞"等字赐给高拱。高拱随离开了裕王府,但裕王府无论大小事,还打发人找他商量处置。

张居正是徐阶的门生,字叔大,号太岳。荆州府江陵县(今湖北荆州)人,后人称张江陵。很有才。此时为国子监司业。

张居正后来是大改革家,身手不凡,但他不少改革,都出自高拱。不是说他抄袭高拱,但影响是肯定的。高拱比他大十三岁,两人有不少政见相同。秉性也有相同的地方,都很正直,但比较起来,张居正是谋略高手,高拱却不是。最终败在张居正手下。

不过现在两人有共同语言。高拱谁也瞧不上,但他瞧得上张居正。说满朝除了张江陵,其他都不行。

这年深秋,香山的枫叶火样的红。高拱见朝政颓败,很忧虑,又找不到说话的人,就想起了张居正,两人爬到香炉峰顶,山风将两人的衣服吹得飘了起来,高拱的胡子飘得更高。二人极目远眺,山下景物尽收眼底,不由得豪情万丈。高拱将着胡子大笑起来,双目炯炯看定问道:"太岳,高某看你非久居人下之人,如担纲朝政,当如何?"

张居正倒深沉,"如真有那么一天,当鞠躬尽瘁死而后已。"

高拱又是哈哈大笑,他少有的开心。两人击掌为誓,他日入阁拜相,定当戮力同心,共兴大明。

两人都不会想到日后会斗得死去活来。也可看做是两个帝师的斗。

次年,嘉靖架不住内外议论,再说裕王在高拱等的辅助下,做得也很到位,就打发景王到德安府。局势明朗化了。此时朝中很多人又说高拱有眼光,反过来巴结高拱。高拱自是得意。

嘉靖四十一年,徐阶终于斗倒了严嵩父子,为首辅。高拱又升迁为礼部左侍郎兼学士,次年又为吏部左侍郎兼学士,掌管詹事府。詹事府负责皇后、太子事物。这下,和裕王的关系又亲近了。裕王虽没有明确为太子,但几乎就是太子。当然还会有变动。

高拱主会试,撰写的示范文章颇称上意。但有一次,有些字惹嘉靖不高兴。嘉靖有意将其打发到外地,倒是徐阶从中辩护,化解了乌云。

三年后,景王死,裕王的太子地位才板上钉钉。高拱长长出了一口气。

嘉靖四十三年,也即1564年,张居正为裕王的侍讲。徐阶很器重他,把他荐为准皇帝的老师,大有深意。

次年六月,徐阶又荐高拱为礼部尚书。1566年,兼文渊阁大学士,高拱正式入阁,加入权力的核心集团,准备开始实现自己的抱负,叫做理想和梦想也可以。

张居正执掌翰林院事。

是年十二月,嘉靖终于走完了自己的人生历程。他在位四十五年,不仅是裕王,就连高拱、张居正都有些等不及了。裕王这一年三十岁,即位为明穆宗。

好了,高拱的出头之日到了。不仅高拱,对陈以勤、张居正来说都是艳阳天。

4

隆庆元年二月,升高拱为武英殿大学士。陈以勤为礼部尚书兼文渊阁大学士。张居正为吏部左侍郎兼东阁大学士。均入阁办事。就是说班子基本是侍讲成员。

这些人,还参加穆宗的日讲。不过,穆宗已经不是原来的裕王了,他对听侍讲们讲经,有些懈怠了,对性事反倒积极。大概因此身体不好,六年后就西去。当然穆宗还是有作为的。他支持高拱和张居正的改革。就是有些懒而已。大概是身体不好。

这年三月,首辅徐阶上奏说经筵和日讲当举行。穆宗推到四月下旬。到五月下旬,又说天热算了。

高拱和徐阶产生矛盾。

照理说,高拱和徐阶不应该有矛盾,高拱一再得到徐阶引荐。但问题偏偏是两人矛盾极大。

早在嘉靖病重期间,吏科都给事中胡应嘉上章弹劾高拱不忠于职位私运直庐器物于宫外储。直庐是侍臣值宿的地方。当时高拱膝下无子心里焦,值班时候总跑回家和妻妾团聚。有次嘉靖病危,高拱把直庐内自己的器物拿回家。胡应嘉说皇上病危,他竟跑回家。高拱为自己辩护,说是胡应嘉嫉妒,造谣生事。嘉靖正有病,也没有处置胡应嘉。但高拱记下了这笔账。胡应嘉和徐阶老乡,高拱怀疑是徐阶指使。

嘉靖去世前写遗诏,照说徐阶应和高拱商量,但徐阶没有,反而和张居正商议,这让高拱大大不满,胡子都根根直了起来。

正月,吏部尚书杨博考核京官,胡应嘉说杨博挟私报复。高拱指摘胡应嘉妄奏,准备拟旨将胡应嘉削为民。但惹起舆论大哗,给事中欧阳一敬等联手上章营救,说高拱是蔡京。高拱气得脸红脖子粗,要求徐阶杖责欧阳一敬。徐阶不理。结果将胡应嘉外调建宁为推官。

高拱没有办法,只得要求退出朝廷。穆宗挽留,但高拱退意已决。他感到不能和徐阶共事。

两人在阁中吵起来。高拱先说徐阶写青词献媚先帝,此时联结言路也就是给事中们。徐阶不紧不慢地说:言路那么多人,徐某能一一联结?既然我能联结,公也能联结。至于说我写青词,公不也是一样吗?

青词是道教行斋醮时献的祝文。嘉靖看谁的青词好,就提拔谁。高拱顿时没有话说。

这一个回合,高拱败了。高拱门生齐康弹劾徐阶家人在家乡不法。徐阶要求致仕,激起了更多人对高拱和齐康的不满,甚至有不少人到阙下大骂二人。

三个月内,弹劾他的奏折就有三十多份,他连上十二道奏疏,称病乞休。

是年五月,穆宗准他以少傅兼太子太傅、大学士、尚书衔回家养病。

五十六岁的高拱心情很是灰暗,居京二十八年的他,就这样冒着酷暑,回到了老家新郑。高拱性情太急躁,不容人。这些毛病在低位时可能不显,一旦居于高位,就会凸显,甚至放大,造成不理想的后果。

此后我们还将看到这一点。极有可能,他以为有穆宗的支持,不怕谁。但穆宗不能帮你平衡关系。

5

新郑在郑州南,不到一百里地。是春秋战国思想家韩非子的家乡,很古老,也很美,有山,但不高。有不少河流,但不大。新郑最好的是枣,肉质鲜美,遍地是枣林。春季开花的时候,蓊蓊郁郁一片;秋天却是红红火火,不高的树都被压弯了腰。对高拱来说,欧阳修的墓,他是非去凭吊不可的。欧阳修是江西人,死在颍州,葬在新郑。六十多岁为参知政事时,和王安石的新政不和,要求外放。

高拱想欧阳修当时的心情和自己差不多。

更多的时间闭门读书,潜心著作。但同时也在盯着朝廷。

次年七月,徐阶致仕。据说是张居正的作用。徐阶要求致仕是做做样子,但张居正和太监李芳要好。李芳做了手脚。首辅为李春芳。李春芳是个厚道人,掌管都察院的赵贞吉却不是个善茬。赵贞吉也做过穆宗的侍讲。还有一位是陈以勤。都在张居正之上。张居正想引进高拱来对付赵贞吉他们,就推荐了高拱。不能说高拱就知道张居正的目的。不管如何,能再次被起用,他很高兴。也说明穆宗依然欣赏他。

就思想上来说,高拱和张居正一致,都试图改革。李春芳等三人比较守旧。

隆庆三年(1569)十二月,他接到圣旨后,有种新生的感觉。

漫天大雪,很冷,他兴冲冲地上路。他打开轿子的帘子向外看,风雪漫卷着枣林,一派苍苍茫茫。究竟是种什么预示?

他重入内阁,兼管吏部。据说胡应嘉听说他重返朝廷,惊惧而亡。高拱马上通过他的门生向言官们说,胡应嘉对他有旧恩,小过失,不算什么。"拱当洗心涤虑,以与诸君共此治朝"。

就是说不计较以前的恩怨,比较高姿态。言官们将悬着的心稍稍放下了。但愿这位帝师说到做到。也许他想是这样想,但性格尖刻,很难做到。

促使高拱高姿态的还有一个原因,他要改革弊政。嘉靖末期,他就撰写了《除八弊疏》,但种种原因没有呈上。但他有自己的理想。疏中所讲的和张居正后来的《陈六事疏》都是改革的纲领。

到任后,他很勤勉,很雷厉风行。吏治不好,不愿多干活,就想巴结快升官。他严格考核,每月汇集一次,交高拱过目。人才缺乏,他建议储备人才,公开招贤。官员升迁,也要明朗化等等。

穆宗对经筵还是不热心,时断时续。停的时间长,讲的时间少,而且听得心不在焉。高拱心里着急,却也没有办法。穆宗已经不是裕王,有自己的主见。高拱反省自己,讲师讲得不切合实际?只讲四书五经,没有把明朝以来帝王的训示讲出来。此时别的讲师,也是如此。讲师应该得到训练,让他们从知识到技巧都有提高。

高拱后来被逐归故里,把这些想法写成了书。他没有当朝提出来,提出来穆宗也不会接受。

此时经筵对高拱来说已经不是大事,大事是改除弊政,振兴朝纲。

他把目光投向边防,用将用人是大事。兵部人手不够,边臣待遇差。他立即上奏兵部应添设侍郎,而且要兵部自己挑选。调整边臣待遇,提高他们的积极性。不仅穆宗高兴,以为措施得力,就连边臣也高兴。

威胁主要来自西北的俺答。俺答是蒙古人,成吉思汗的后裔。嘉靖年间逐渐崛起兴盛,东到河北的宣化,西至宁夏的河套,都是他的势力范围。嘉靖二十九年,曾兵临北京城下,给予很大威胁。

6

隆庆四年正月，高拱、张居正荐王崇古总督宣（宣化）大（大同）、山西军务。王崇古有干才，熟悉军务，曾在东南沿海击败倭寇，后巡抚陕西七年，升为右都御使。

八月的一天，王崇古派人报警，说俺答来犯。高拱立即奏明穆宗，命兵部率军背京城列阵以待，又着人守护皇陵，让王崇古等专剿敌人。由于布置严密，俺答竟不敢来犯。紧张空气消除。

十月，忽然接到王崇古和大同巡抚方逢时的联名疏章，原来俺答的孙子汉那吉和俺达有冲突，带着妻子从员十几人投降。二人的意思是接纳他们，并授予官职，与俺答开马市。兵部尚书郭乾拿不出意见。

这是个大事，要廷议。

御史叶梦熊等坚决反对，说不可接受。蒙古人狡黠多变，不可相信。英国公张溶支持叶梦熊。不同意的有十七人。还有五人认为不能开马市。先朝曾经开过马市，但关闭。

高拱和张居正同意王崇古的意见，认为不同意的人是短视，缺乏气派。吏部右侍郎张四维是高拱的门生，王崇古的外甥，支持高拱。

高拱将叶梦熊降了二级。

直到次年三月，穆宗下诏封俺答为顺义王，并允许蒙古各部通贡互市。五月在晾马台（今大同市北）受封那天，俺答对天发誓，永不犯中国。

这一举措，根本改善了蒙汉之间的关系。此后数十年无战事。

陕西三边总督不愿意通贡互市，高拱予以切责。后来也开了市。

再次显示了高拱的眼界高远，把俺达看成是中国的一个整体。

穆宗以为高拱这件事做得漂亮，功劳大，进少师兼太子太师、尚书兼建极殿大学士。

这是高拱光明的一面：励精图治、胆识过人。朝廷内外，都有了新气象。也为张居正后来的改革打下了基础。

但高拱的另一面是专横，甚至是霸道。

先是老同事陈以勤，和高拱不和，见高拱气焰正烈，怕以后在其手下不好做人，求去。再有赵贞吉，给高拱不痛快，说高拱考察科道有私。高拱让门人弹劾赵贞吉庸横。赵贞吉为自己辩解求去，穆宗答应了。

赵贞吉走后，李春芳失了臂膀，于五年五月也求去。

高拱成为首辅，意气洋洋。张居正却在一边笑。他顶层设计的目的就快达到。

殷士儋是山东济南人，也是穆宗为裕王时的老师。此人性情刚直，隆庆二年为礼部尚书，文渊阁大学士。他看不惯高拱的强势。有人弹劾张四维，高拱以为是殷士儋授意。御史韩楫弹劾殷士儋，殷以为是高拱指示。十月一日朝会，殷士儋先骂韩楫，后又说高拱：你先逐陈以勤，次逐赵贞吉，再逐李春芳，最后逐我，这个位置能永久是你的？说着竟要挥拳直击高拱，被张居正抱住。不然，大个子殷士儋能把六十岁的高拱打个稀里哗啦。

殷士儋很快被逐出朝廷，返回故里。

十二月十三，高拱六十大寿，有不少贺寿文，张居正还撰写了两篇贺寿文序，极力称赞高拱。

高拱还有一段旧怨未了。就是徐阶和那些言官。复出之初说不报复，但现在按捺不住。刑部和大理寺不归他管，但他也要管。方士王金被徐阶下狱论死当剐，他为其辩解，改为戍边。

中书事的敕诰房有十人考满当升迁，但他们是徐阶的人，他不予理睬。十人求上门，他笑着说：我即便答应，也不一定会使你等满意。果然，令下后，十人都没有升迁，只是对等外调。人们气得说不出话。

徐阶致仕后在家乡大置产业，放任家人横行不法，百姓怨声载道。高拱上奏：原大学士徐阶致仕后，本应怡静自养，但大置产业，越千里开店铺于京师，纵子搅侵起解钱粮。

苏州原知府蔡国熙和徐阶有隙，高拱起蔡国熙为苏松兵备副使，授意对徐阶的三个儿子严加治理。蔡将徐阶的三个儿子都逮了起来，并要籍没徐阶的全部家产（大约六千亩地）。徐阶向高拱低首服软了，很悲哀地求高拱高抬贵手。高拱笑了。张居正也为老师说话，高拱就要蔡国熙放宽。蔡国熙不愿意高拱，说让自己得罪人他做好人。

高拱和徐阶之间的争斗,基本是意气用事。高拱是报复,徐阶也不是没有问题。张居正后来和高拱,也是"一山不容二虎",两人政见有很多共同之处,如齐心协力,当会有大收获。可惜是人性的通病。

7

隆庆六年(1572)正月,高拱为柱国,进中极殿大学士。

和张居正的斗不可避免。张居正要踢开前进路上的绊脚石。

很有几个人反对高拱。一个是御史汪文辉上疏讥讽时政,牵连高拱,高拱把他叫去,骂了一通,出为宁夏佥事。尚宝卿刘奋庸、给事中曹大野也弹劾高拱,说高拱擅权报复、提拔亲戚等。二人也被逐出朝廷。

高拱怀疑曹大野是张居正授意。这是一。其次是张居正为徐阶说情,他听说张居正接受了徐阶三万两银子的贿赂。

高拱遇事沉不住气,竟当面把这事说了出来。张居正愤怒了,就联结太监冯保。

高拱看不上太监冯保。冯保不是个一般太监,很会来事,一心想做司礼监掌印太监。

事情有些扑朔迷离。

五月,天正热的时候,穆宗突然中风。

遗诏让掌印太监和高拱、张居正一起辅佐只有十岁的神宗。高拱以为掌印太监孟冲是自己的人,没有警觉。神宗即位的第二天,就按"遗诏"手谕冯保为掌印太监。正巧,高拱看见拿遗诏的神色慌张的小太监。追问下,小太监把遗诏给高拱看了。高拱大怒,"皇帝那样小,都是你们指使的,早晚要你们好看!"高拱肯定张居正和冯保改了遗诏。

据说冯保在皇后、李贵妃面前哭诉。李贵妃就是神宗的妈。冯保说高拱说:十岁的孩子,怎么做皇帝? 李贵妃当时就脸变色。其实高拱是说自己肩上的责任重。冯保最后说高拱打算立穆宗的弟弟周王为皇帝。李贵妃恼了,连小神宗也恼了。他虽然小,也知道自己的位置的重要。

高拱不肯束手待毙,也发起反击,要自己的属下弹劾冯保"矫诏"、"不该站在御座旁,受臣朝拜"等。还要弹劾张居正勾结太监。张居正听说了,急忙赶到高府负荆请罪,承认自己做得不对,"老弟一定改过自新。"高拱责怪他几句,叹了一口气,算了。

六月十六日,高拱上朝,见到神宗一旁趾高气扬的冯保,就知道自己败局已定。不一会儿,他就听到了冯保不男不女的声音:大学士拱揽权擅政,多威福自专……令其回籍闲住,不许停留。

他头都大了,坐在了地上。张居正把他扶了起来。

高拱再次回老家,就此再也没有东山再起的机会。张居正不会给他机会。

次日,他坐着骡车回家,只有一人相送。太阳很大很大,车子吱吱扭扭地走,他的心灰暗到极点。

8

高拱到家,闭门谢客,也没有多少客人。他专心著了八十多卷书。不久,朝中又出了王大臣事件,张居正和冯保又借机要置高拱于死地。

万历元年正月二十晨,到处还黑糊糊的,神宗的轿子刚到乾清门,突然从旁边窜出一人,要行刺小皇上,被拿住后,说是戚继光手下的士兵。戚继光和高拱极好。张居正和冯保就联系上了高拱。严刑逼供其承认,王大臣只得承认。

很多大臣为此不平,张居正只得要三司会审,王大臣却翻供说是受冯保和张居正指示。后来王大臣被灌了生漆,成了哑巴,又被处死。

消息传到新郑,高拱惊惧成疾。但还是抱病著述不辍。

与此同时,张居正在朝中大刀阔斧改革。我们不说他的改革,只说他当小皇上的老师。张居正很严厉,一心要把小皇上打造成器,规定了很严格的学习制度。除了三、六、九上朝外,都要日讲。《春明梦余录》里记载《日讲仪注八条》:

一、每日讲读《大学》《尚书》。先读《大学》十遍,次读《尚书》十遍,讲官再进讲。二、讲读毕,皇上进暖阁少憩,司礼监将各衙门章奏进上御览。三、皇上写字。四、近午时,讲《通鉴》节要和前代兴亡。五、皇上有疑问,讲官要用俗语解释明白。六、视朝之日,皇上有闲暇要温习功课,或看字帖写一幅字。七、每日日出时皇上早膳,然后就进讲。八、不是大暑、大寒或大风雨,就要日讲。

张居正不苟言笑,小皇上很害怕,还造成了逆反心理。张居正后来的下场不妙,极有可能是太严厉的原因。再者也没有把小皇上打造成理想的人物,反而很差劲。也说明教育不是万能的。

万历六年三月,高拱已经病得很厉害。一天,忽然门外很喧哗,说是张首辅到。原来张居正的父亲死,他回家葬父,路过这里,来看看这个政敌兼朋友。张居正没有想到高拱会病骨支离到如此地步,两人都失声痛哭。似乎那一刻,过去的怨恨都烟消云散了。

张居正返回来的时候,又来到高拱家。高拱提出身后一些请求,张居正也答应下来。

十二月,高拱病逝。享年六十六岁。高拱请求恤典的事,冯保不愿意,没有办成。

四年后,张居正病死。刚死,神宗就逮了冯保,抄张居正的家,一家饿死十几口。子侄充军。

张居正后来引荐高拱的门生张四维入阁,张四维协同张居正大举改革,但张居正死后,张四维将他的举措全部推翻。张居正是徐阶的门生,推倒高拱。张四维是高拱的门生,又将张居正打倒。

徐阶、高拱、张居正三人缠斗得一点不漂亮。北宋王安石、苏轼、司马光之间也斗得厉害,但终归大气。苏轼因乌台诗案被逮,王安石寓居金陵,仍出手相救。个人之间没有恩怨,胸怀磊落。尽管徐、高、张也不失雄才,但明显地小气、狭隘,散发着没落的气息。

不过,高拱九年的帝师还是成功,裕王对他有感情,他对裕王也有感情。两人心气相通。张居正教神宗就不行,虽然工夫下得很大,收效却相反。

汤 斌
(清初 1627—1687)

顺治时为官。康熙年间,为翰林侍讲,参与编修《明史》。一生清廉,踏实任事。后任江宁巡抚,积极救灾。回朝后为礼部尚书,管詹事府,还为太子授课,被明珠等陷害,忧惧而死。

汤斌

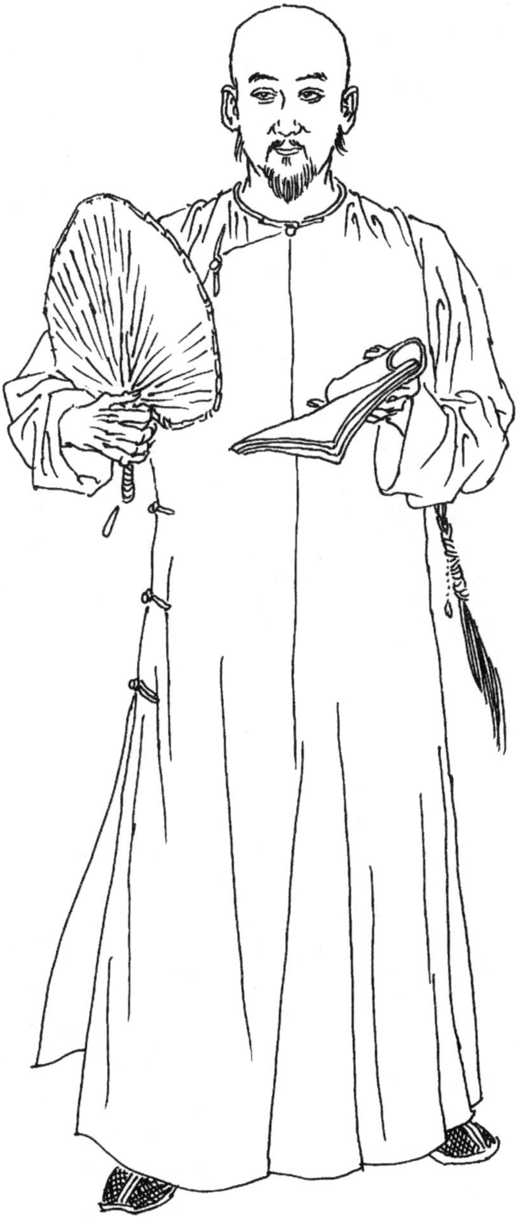

汤斌 康熙年间为翰林侍讲参与编修明史一生清廉 麟康書於上海

汤斌

1

汤斌一生贯穿明、清之间,十八岁前为明朝,为成长期,主要活动在清朝。汤斌做过帝师,做过巡抚,做过尚书,但一生勤恳清廉。台湾著名史学家高阳说汤斌是"天下清官第一"。

他是河南睢州(今河南睢县)人。出生于明天启七年(1627)。睢县古称襄邑,在河南东部的黄淮平原上,一望无际,视线很开阔。汤斌的祖上做过官,家里很富。父亲唐祖契做过陕西按察副使。有过三个太太,汤斌为第二个太太赵氏所生。汤斌喜欢读书,很小就知道汉惠帝"商山四皓"中的东园公唐禀就是此地人,因住在东园,就叫东园公。

汤斌和唐禀谐音,小汤斌做梦也想当皇帝的老师。他只想读书,除了读书没有别的爱好,曾经借别人书"篝火读达旦,率以为常"。

但明末很乱。汤斌十一岁那年,家庭产生变故,为豪绅所逼,财产尽失。这对小汤斌来说是个不小的打击。但更大的打击还在后面。

河南大旱,遍地饿殍。李自成的农民军在河南几进几出。崇祯十五年五月,汤斌十六七岁,农民军进攻睢州城。事先赵夫人要汤斌到城北的庙里读书,以躲避兵乱。又让丈夫带着婆婆到山东曹州一带躲避。城破后自己却被抓起来,"被执不屈"死于乱刀之下。汤斌知道消息后,痛不欲生,但面对强大的队伍,他只有流泪。

可以看出汤斌的性格不具有反叛精神。他没有选择和农民军对抗,而是躲避,和父亲一起辗转在山东、河北、浙江等地,后寓居浙江衢州山中钻研程朱理学,钻研王阳明。他一生崇拜王阳明。一直到顺治二年(1645),清人占据中原,局势稍稳才回到睢州。

面对国破家败，汤斌有一种痛苦。作为汉人，眼看着被清人占据，他不会不痛苦。可和绝大多数人一样，他接受了现实。他要"经世致用"，顺势而上。现在有人说他缺乏民族气节，当然和当时抗清的志士仁人比，他是少了点骨气。

历史有趣得紧，清朝统治二百多年后，所有的志士仁人都不见了。辛亥革命起来推翻清朝，竟有不少拖着长辫子殉清的。

这样说，不是想为汤斌辩护。的确，他只是个一般人，不勇武，很低调。

顺治五年，汤斌参加乡试中了举。次年进京参加会试为贡士。三年后又经殿试为进士，三甲第一百六十七名。不算优异，不过也不容易。汤斌不是属于特别聪明的那种人，晓得用功。

随后被选为庶吉士，在翰林院读书三年，"邸舍萧然，不蔽风雨，每入馆一仆一马，箪瓢疏食，坐一室竟日读书，不妄交游。于文艺外，即沈潜易理，究心圣贤之学"。

后被授为翰林院检讨。检讨的主要任务是修明史。

但要说汤斌不敢直言也不对。

顺治下诏求言，议修《明史》。汤斌于十二年二月上疏，以为当广搜先代遗书及明末死难诸臣事迹以修《明史》。疏上，下所司议论，反响强烈。内院大学士冯铨、金之俊等皆"不悦"，说他"夸奖抗逆之人，拟旨严饬"。

时人以为他自招罪戾。其实汤斌是要表彰忠义，"昭示纲常于万世"，为巩固清朝统治服务。年轻的顺治不糊涂，特于夜半召汤斌至南苑，"温语久之"，不仅未加惩治，反而以其"为可大用"。

2

顺治十三年，即1656年，地方很缺道员。顺治于翰林院选拔十八人外放，汤斌为陕西潼关道副使。

潼关自古为兵家必争之地，民风强悍。战乱以来，百姓逃亡甚多。也是事有巧合，此地正是汤斌父亲做官的地方。他雇了三头骡子驮着书箱，一路上很感慨，只见大片土地荒芜，百姓鹑衣鹄面。到了城门，守门的不让进,他说他是汤斌,新任的副使。守门的横着眼睛说他是冒牌。他只好拿出文书来。

想必汤斌文弱书生的样子,根本不像个督察官员。

汤斌很想为百姓造福,百姓吃够了兵来兵往的苦头,偌大的潼关城只剩下三百户。汤斌一到,就下令凡大军不得入城。对付握着刀枪的人需要智慧。

总兵陈德调往湖南,经潼关想逗留不走,两万人的吃喝汤斌负担不起。汤斌和陈德商量,陈德提出要雇五千辆车子。汤斌说凑不齐那么多,车子我给你雇。先雇两千辆,剩下的看需要多少辆折算成银两。陈德答应。

汤斌暗地让人雇好车子。

当天夜里,汤斌亲自指挥士兵上车,每十人一车,坐满十辆即刻出关,至凌晨将士兵全部装完送走,然后遣人请陈德出,于关外为陈德饯行,陈德大吃一惊,想追回军士。汤斌从容地说:"吾民驾牛裹粮十余日,一散不可复聚。且军已出关,不得入也。"陈德只好不情愿地离去。到洛阳后,就发生兵变,烧杀抢掠。但潼关很安然。

为稳定地方,"设保甲、行乡约、建义仓、立社学",百姓很信赖。三年后,百姓达数千户。

顺治十六年,汤斌转任江西岭北道参政。他带着两个仆人千里南下,途经河南,他回到睢州探望老父,老父有病,但他不能久留。

他在岭北道还是敢于任事。此地在江西南端,管辖两府,山深林密,很不平静。明旧将李玉廷万余人在于都山坚持反清斗争。

汤斌致书李玉廷,要李投降。李玉廷正与福建的郑成功等联络,准备围困南京,于是假意答应,准备趁机攻下南安(今江西大余)。汤斌查获了这一消息,将联络的使者交予巡抚苏宏祖,南安也做好了准备。李玉廷带队来到南安,见有准备,急忙撤离。后李玉廷被清军剿灭。

汤斌喜欢这个地方,明朝大儒王阳明曾在此地为巡抚,他很崇尚此人。他看到百姓动乱后衣裳褴褛,生活无着,又很忧虑。

就在此时,汤斌因忧虑父亲的病,自己也得了病。他要以病乞休。苏宏祖不同意,不愿意放这个人才走掉。按照清朝规定,乞休后很难起用。苏宏祖给他出主意,不如谎报说你是独子,离任奉养老人。以后好再续任。

汤斌不答应,他不肯说谎,说自己有个异母弟弟,不是独子。遂上报病休,但三院不批,他再次具文说,母亲死得惨,父亲极为抱恨。此时父亲又病,如知道儿子有病,势必加重病情。"是某贻误严疆不可为臣,病贻亲忧,不可为子也。"因言辞恳切,得到批准。

汤斌回到家乡奉养父亲。是年三十三岁。

这一次离开宦海,长达二十年。

二十年,对于人生来说,既很漫长,也很短暂。没有资料显示此间他的想法。极有可能愿意重进官场,但无人引荐。

这个期间,先是侍奉父亲和继母。父亲于康熙三年四月(1664)下世。他在家守丧至五年七月。当时河南辉县苏门山孙奇逢是硕儒,他便投奔孙奇逢学习。

孙奇逢是保定人,中举后未入仕。明朝末年,魏忠贤乱政,不少正义之臣被下狱,孙奇逢倡议营救,并致函蓟辽总督孙承宗进京陛见,以震慑阉党。明亡后,积极组织义军抗清。后举家迁到此地讲学。清廷曾多次征召,但他始终不出山。不仅不仕清,也不仕明。此时已八十三岁,但精神矍铄。

苏门山不高,但很有名。魏晋时有一人叫孙登,就是阮籍《大人先生传》的大人,很厉害,嵇康、阮籍向他讨教。擅长啸,至今啸台还在。宋代的理学家邵雍也是此地人。苏轼、二程都来过此地。

孙奇逢也是理学大家,著述甚丰。清代有学者把他和李颙、黄宗羲称作"清初三大儒"。

汤斌底子厚实,向孙奇逢学了一年即出师回乡。孙奇逢教他"慎独",教他"辩志守贫",他都很在心。在苏门山,他也追寻先贤的足迹。但他啸不出,长啸是有时代背景的。后人即便啸,也没有了前人的况味,唯有兴叹。

3

康熙八年,四十岁的汤斌和同道吴淇重建绘川书院,他在此讲了十三年学。他讲的程朱理学和别人不一样,他注重"人事",提倡实践,"不尽人事便是违天"。说白了，就是积极入世。时间一长，声名远布。来求学的很多。

他的声名奠定了他再出山的基础。

直到康熙十七年开博学鸿儒科，他才又出山。也就是说，倘若不是朝廷有新政策，他会一直教书。就是这个新政策，让他做了帝师。

博学鸿儒科自汉代就有，不考经书，专考诗词，算是特殊渠道选拔人才。在京三品以上官员都可推荐。

都察院左都御史魏象枢和副都御使一致推荐汤斌，说他"学有渊源，躬行实践"，"文辞淹雅，品行端醇"。全国共被推荐一百四十多人，经考试取了五十人。汤斌为一等第十八名，康熙授为翰林院侍讲学士，从五品。大概也考虑到原来四品道员的因素。同考的汪琬顺治时做过刑部郎中，后来中断，此次被授为编修，七品。

职责是修《明史》，还是二十四年的工作。是年汤斌五十三岁。

时来运转。两年后，即康熙二十年二月为日讲起居注官。日讲官兼起居注。日讲是每年春、秋两季"经筵"之后的讲经。清朝经筵、日讲开始于顺治。顺治开始信佛，不大重视儒学。后于十二年开始日讲。经筵直到两年后才举行。但康熙很重视，康熙十年，铲除鳌拜后就开始。

康熙和顺治不同，求知欲强烈。五岁开始读书，八岁践祚，极喜欢学汉文，能累得吐血还要学。至三十岁，已对汉学基本弄通，教这样的学生很难。学生比老师知道得还多，闹不好就很尴尬。汤斌以后要遇到不少这样的尴尬。此时康熙二十八岁。

经筵和日讲既是对皇帝补课，也是士大夫们限制皇权的一个门路。儒家以民为本，不喜欢皇帝一个人高高在上，造成分离和对立。

汤斌一向认为："讲官所职者大，君心正而天下治，如天之枢纽转运众星而人不知见，讲官又是默令枢纽能转运。"

上谕下达后，汤斌很兴奋，赋诗道："经陈谟典天心正，学阐勋华帝道昌。敢向盛朝称管晏，何须文藻继班扬。"

"谟"通"谋"。整首诗有气派，有雄心，班固、杨雄都不在话下。不必继承他们，自己就是盛朝的管子、晏子。他的目的就是要成就君德。

保和殿里，坐满了文武大臣，康熙坐在最上面。

第一课很重要,汤斌虽有过十几年的授课经验,但首次为皇帝授课,他还是略略有些紧张。但还好,一堂课下来,康熙还算满意。他听过不少人讲《孟子》,但汤斌讲得实在,清楚。

课后,康熙召见他,问他对明朝心学王阳明的看法。他说,王阳明乃一代大儒,微臣尤为欣赏他言行合一。康熙点点头,康熙也反对说空话。

是年六月,汤斌为浙江乡试主考官。主考是个美差,也是个肥差,但汤斌按纪律办。一到杭州府钱塘县,见过县令,汤斌就指着簇新的湖色杭纺门帘对县令说,贵县的备办太过华丽,试事完毕,请好好收回,待下科乡试再用。县令弄不清汤斌的意思是真还是假,只得先点头。

汤斌与县令约法:伙食自己备办,手下人如有借故索要或委办事项的,可随时锁拿或告知本官,本官一定严办,而贵县亦不得有所摊派。

县令以为是汤斌是当面一套,背后一套。回到县衙,封了三百两银子,派使役送去,嘱亲交汤斌,试探一下。但使役很快拿着银子回来,还被训斥一顿并差点被抓。县令这才知道是真清官。

后来中举的门生们心甘情愿地送来了贽敬银,汤斌收了富家门生的便送与贫寒门生。

回京后即除翰林院侍读。

翌年六月,又为《明史》总裁。后为经筵直讲。每天早晨天不亮就起来,端坐在那里,思索如何上课。上课时,"敷陈祥切,务以诚意动上听"。

接着,又为左春坊左庶子。二十三年二月,为内阁学士兼礼部尚书。充《大清会典》副总裁。

4

二十三年(1684)五月,江苏巡抚出缺。康熙在北巡途中,沉思良久,对扈从学士说:"朕观学士汤斌质朴耿直,与尔等同衙门,尔等以为何如?"

有的说汤斌质朴,能行;有的说交道少,不了解。

康熙道:"道学家,贵在身体力行,不说空话。不少道学家只会说,不会做,甚至言行相悖。崔蔚林就居乡不善。朕看汤斌有实行。"

崔蔚林直隶人,也做过侍讲。

康熙继续感慨:"自古精通道学难啊。朕听说他曾从河南的孙奇逢学道,如此离道学就很近。汤斌前年主持浙江乡试,甚有操守,可补授江宁巡抚。"年轻皇帝对汤斌有好印象,主持乡试公正无私。

九月,汤斌赴任前陛辞康熙,康熙目光如炬,道:"朕以你久为经筵侍讲,看你老成端谨。江苏为东南重地,故而特意重用。要以正风俗为先,江苏奢靡,要加以导化。地方钱粮历年不清,也当留意。你在内阁看章疏,督抚们在钱粮上总有错。你当主意改观。"

汤斌答是。

巡抚任上,汤斌把节俭当成主题。其实不用康熙嘱咐,汤斌就节俭,一生节俭。也许康熙就是看重他这点,让他去移风易俗。

汤斌觉得钱粮历来是难题,他请示说:"臣平日听说赋额很重,历年未完。新粮旧欠一起,官民都很难办。不知如何处理为善?"汤斌的意思是想减缓一些。但康熙不松口:"赋额早就制定,只是要清理。"

康熙特赐汤斌白金五百两,还有鞍马、帛等。临行前又见康熙,康熙"撤御馔赐之,又赐御书三轴,并说:'今当远离,展此如对朕也'。"

因康熙很快要南巡,汤斌遂急速赴任。

巡抚任上是汤斌一生的亮点。他第二次来到苏州。

不数日,康熙就到长江岸边,汤斌急忙和众官至江北迎接。到苏州后,康熙又再次关照:"一向听说苏州阊门最为繁华,今日一看果然不虚,崇尚虚华,安于享受,从商人多,耕田人少。你当使他们去掉奢侈之习,返归淳朴,事事都要追求它的根源,以农为本,可挽救颓废的风气。"

汤斌连忙答是。

翌日,要到惠山观览,惠山距苏州百十里。康熙要给下面做出表率,晓谕汤斌说:巡行所需之物,均来自内府,地方官员不得扰民。你和布政使也不要送。

汤斌回奏道:"皇上所过之地钱粮尽行蠲免,百姓莫不欢欣。臣愿送驾渡江。"他一再请求,康熙方准允。遂扈从至仪征,获赐御书一轴及狐腋蟒服。

5

汤斌的前任是余国柱,余是湖北大冶人,顺治九年和汤斌是同科进士,关系一直没有中断。此时依靠圣眷正隆的大学士明珠,有"余秦桧"之称。巡抚任上,每年都要孝敬明珠万两银子。明珠怕其闹大添乱,正巧都察院左都御史空缺,便让其回京。

贪官做都察院的一把手,很有意味。不少时候都是这样,不仅是历史。

前任和继任,弄不好就是矛盾。

汤斌和余国柱也是如此。

余国柱未离开时,淮安、扬州大水,余国柱上疏说"水退,田可耕,明年当征赋。"

汤斌送走康熙,就进行了实地考察,他以为不可:水亦未退,水退处亦无法耕种,请否余国柱疏,免赋。

汤、余意见相左,康熙交部议,着人再行考察。实际情形如汤斌所奏,准予免赋。

就此可见汤斌实事求是,有胆量,贯彻他的"民本"。即便得罪余国柱也不怕。这也造成日后明珠和余国柱进谗言的原因。

江苏为富庶地,但税负重,再者迎来送往多,耗费钱财。

次年四月,汤斌上疏朝廷,详细分析了江苏差徭繁杂和税负积欠日重的原因,奏请减免。汤斌上疏前,想了很久。皇上让自己来解决税赋,自己要求减免,会不会不如皇上意?但他只能按实际情形来。结果朝廷议准。他放心了。

关于迎送,汤斌令一律"一荤一素",其余照规定办。

税负得免,余国柱让人转告汤斌说这全赖大学士明珠之力,你们当有所表示,拿四十万两银子吧。

汤斌不予理睬。一些地方绅士知道后,怕得罪朝廷权宦后患无穷,联合凑了四十万两银子交汤斌送上。汤斌说道:"此有三不可,其一,税负减免出于天恩,今再如此,似乎皇上口惠而实不至;二,我生平自誓,不以一己富贵荣辱而降志,如此良心何安?三,今要四十万给四十万,明天要四百万即给四百完万不成?"

余国柱、明珠知道后,当然生气。面子受不了啊。明珠,是旗人,全称纳兰明珠,很能干,会说。

直正人爱交直正人,和贪官爱交贪官一样,叫物以类聚,人以群分。

郭琇是吴江县知县,有人说他才干卓越,有人说他贪墨。汤斌不理解,问郭琇怎么回事。郭琇很无奈:"人家说我贪也不错,上官要钱,卑职只得取之于民。如不填他沟壑,卑职官就做不成,做不成无所谓,只是如此便失去了为民谋事的机会。现今大人能一清如水,卑职何敢再贪?"

郭琇的话说明同样是贪,但某些是被"逼上梁山",不得不如此。作为上官来说,营造一个清廉的环境,何等重要啊。

郭琇回到县衙后,率手下水洗堂内外,标志要自新。

康熙二十四年底,汤斌举荐郭琇"居心恬淡,莅事精锐"。部议以为郭琇没有完成钱粮,不得选授。但康熙说是汤斌举荐的,不会错。后郭得任江南道御史。至于郭琇上疏力劾明珠、余国柱,终至罢掉两人,则是汤斌没有想到的。后郭琇官至湖广总督。康熙四十年,郭琇以病乞休时,康熙说他"思一人代之不可得,能如琇者有几人耶?"

由此看出汤斌和郭琇是一样的人。一是正直,二是有胆,三是能干。

但就是同样一个汤斌,康熙后来竟说他没有干多少实事。

6

汤斌就任巡抚期间,生活俭朴,清廉自持。"其夫人暨诸公子衣皆布,行李萧然,类贫士。而其日给惟菜韭。"他从不接受任何礼物,生日时,地方绅士知其"绝馈遗,惟制屏为寿",他也推辞不要。据说有次看见儿子吃鸡,把儿子骂了一顿。

时人把汤斌比作明朝的海瑞。

康熙二十五年(1686)三月初十,很阳光的天气。

康熙想起了詹事府的事。詹事府是主管太子和皇帝内务的,尤其是太子的教育,没有能干的人主管,他很不放心。于是授礼部尚书,管詹事府事。

汤斌前往京城,苏州百姓哭泣挽留,要派人到朝廷劝留。后停市三天,数万人拦路烧香为他送行。他很感动。

闰四月,汤斌在乾清门陛见康熙。康熙赞扬汤斌,然后又询问江苏年岁、风俗、吏治、民生等事。汤斌据实以报,又说不过徐州一带,地最荒瘠,今春民困,比较严重。康熙又问有关治理黄河的见解。

原来按察使于成龙主张对黄河下游一带疏濬海口,以泄积水。河道总督靳辅却认为海口沙淤难清,并且开口后会形成倒灌。主张筑高堤以束水入海。两人争持不下,久议不决。康熙倾向于成龙的意见,但又派工部尚书萨穆哈等前往江苏会同汤斌等勘议。汤斌主张开下河入海口,认为"开一丈则有一丈之益,开一尺则有一尺之益"。但萨穆哈阿附明珠,靳辅是明珠的人,就偏袒靳辅,回奏时不说汤斌的意见,说共议开河口无益。

翌日,康熙听政时,追问治河的事,一如汤斌所说。后决定开浚河,并罢了萨穆哈的官。

五月,汤斌奉命充经筵讲官。

其实此时,康熙已经对经筵很不在意了。康熙十年到二十五年,是经筵的鼎盛时期。此时大概是他知识已够多,不需要人再讲。其次是他以为假道学太多。他最关心的是太子。

太子是胤礽,其母是赫舍里氏,生他时难产而死,才二十二岁。康熙很爱赫舍里氏。太子十三岁。康熙为太子没少费心思。胤礽四五岁时,康熙每天亲自为他授课,督促检查,想望太子成才。太子也聪慧异常,常常让康熙惊奇。康熙说自己就两件主要事,一是请太皇太后的安,二是教育太子。

太子已会背《四书》、《五经》、《易经》等。汤斌也知道太子不一般,怕自己知识不够。

汤斌亲自推荐和选用耿介为少詹事。另一位是大臣尹泰,担任东宫詹事。

1686年,由钦天监选择吉日,闰四月二十四日,作为皇太子出阁开讲的日期。这一天,康熙亲临保和殿,隆重地为太子举行出阁读书典礼。

辰时(上午七点到九点),胤礽率满汉大学士、九卿、翰林院、詹事府官员于保和殿,行三跪九叩头礼。

次日康熙令将太子六岁后习字作业拿出来传阅,共有八箧,满汉两文。满文写的《贞观政要》,汉字写的名人格言,有康熙朱笔圈阅。汤斌看了啧啧不已。如此年幼,能写得这样端正苍劲,是要有不少天分。胤礽能熟练运用汉、满、蒙三种语言。是个完美太子。胤礽还很懂事,要讲官们坐着讲。汤斌很感意外和惶恐,历来的规矩都是站着,没有坐的。后汤斌奏明康熙,康熙也同意。

康熙要求太子每篇文章诵读一百二十遍,太子一点不偷懒。

以往出阁讲学,都是师傅讲,太子听。如今是师傅讲完后,太子和师傅论道。史料记载,康熙二十六年正月二十三,汤斌和尹泰讲《论语》中"惟小人和女人难养也"一节,"小人"很不好说,对小小年纪的太子来说也不好理解,但太子说:"我常常侍皇父左右,闻听教诲说,最难处者小人,最难防者亦小人,稍有不当,即为所欺。前代小人之所以误国,皆因为上者信用之故。"

一番话,让汤斌点头频频。

四月二十五日,讲说四书中的《中庸》。太子又说:"皇父言《中庸》一书,论性命(指人性和人生)精微处,无以复加。当细细玩味,温故知新,竭尽人事以合天意,方为不负所学,不可以讲完之后就忽略了。"

表现得比师傅还聪明,处处拿康熙的话教导师傅。还不时给师傅们讲解经书,其实正是太子的不聪明处,好显露自己。汤斌有一丝忧虑,但并没有认真想。何况在当时的情形下,也不可能指出太子有什么不对。太子后来两次被废,就是因为骄横。后人有指出,说康熙和汤斌教太子不成功,就是说没有适时指点毛病,一味赞扬,养成坏习气。

7

五月,老天不下雨,钦天监有个五空灵台郎董汉臣,一向敢言。此次上奏章说了十件事,触及当权的人。其中有汤斌和明珠、余国柱。说汤斌教授太子,"教法未善,尚未尽心"。说明珠、余国柱弄权。

康熙让大臣商议,明珠很害怕,担心自己承担罪责。大学士王熙说:"这是市井小人胡言乱语,应立即斩首,事情就可以完结。"汤斌后来也到朝廷,余国柱把这件事告诉他,汤斌说:"董汉臣根据诏旨议论朝政,没有处死的理由。大臣们不敢讲而小臣敢讲,我等该自我反省啊。"皇上最终赦免了董汉臣的罪。

明珠、余国柱对汤斌更加怨恨,以为董汉臣是受汤斌指示。至于指责汤斌,是表面文章。于是摘录他的言论禀报皇上,并找出汤斌在苏州发布文告中的话"爱民有心,救民无术",把这作为对朝廷的诽谤。

皇上传旨责问。汤斌只是说自己天资愚昧,过错很多,请求严加惩处。

六月,康熙让下面选出几个人,"令专侍皇太子左右,朝夕勤导,庶学问日进,而德性有成",但选不出来,问汤斌谁可以,汤斌说很难有人胜任。康熙问明珠,"达哈塔、汤斌、耿介三人皆有贤声,朕欲用之,尔等可传问九卿。"

明珠等回奏:"达哈塔谓臣原系庸愚之人,蒙皇简任吏部尚书,朝夕兢惕,惟惧陨越,不克称职,何能当此重任?汤斌谓臣今年已六十外,诸事健忘。每日虽为皇太子讲书,不过读皇上钦定讲章。衰老之人,岂能当此重任?"

三个人都不行。明珠请皇上自己定,康熙说:"汤斌居官颇善,耿介虽年老耳重,素有贤名,犹可讲书。达哈塔诚实。此三人俱著朝夕于皇太子前讲书"。

六月初九,天极热。畅春园无逸斋。这里距康熙处理政务的澹宁居很近,斋院种有五谷而不是花草。康熙用心极深,让太子自小知道稼穑之苦。

汤斌靠近案前听胤礽朗诵《礼记》数节。胤礽问汤斌可以背吧?不一时,传出上谕,让太子背书。年已六十岁的汤斌看着书。听完胤礽的背诵,一字不错,就用朱笔点上记号,重画一段,再读新书,捧还经书。皇太子又写楷书一纸,约数百字。

康熙走出来,问背得如何?汤斌说甚为纯熟。太子又给康熙背了一遍。

康熙命汤斌、耿介到前面来,问汤斌曰;"河图洛书的义理是什么?"

汤斌奏:"河图、洛书,天道抉阳抑阴的意思,臣昔年与李光地讲论亦未能通晓。"李光地也是大学问家,做过侍讲。

上命汤斌转问耿介,耿介也未能对。

上又问斌:"《书经》中汝无面从,退有后言,如何说?"

斌奏曰:"言无面谀而背毁。"

上命汤斌问介:"钦四邻如何?"三问耿介,亦未能对。

康熙是专门考试汤斌和耿介。他又问了几个问题,汤斌还是不能答对。

两天后,汤斌向康熙奏说,天热,太子读书很辛苦。康熙道:"皇太子每日读书,皆是如此,虽寒暑无间,并不以为劳苦。……汝等亲见,可曾有一毫勉强乎?"

汤斌和达哈塔几次在太子面前提出请辞,太子不做主,说让他们找皇上。

三个老师傅虽说让坐,却都不敢坐,还是浑身冒汗站在那里。不一时,耿介竟晕倒在地上,汤斌和达哈塔急忙将耿介扶起,捶耿介的后背,耿介吐出一口痰来。太子问怎么回事?汤斌说:"耿介又老又病,天太热,早上就有些头晕,方才痰上不来,晕倒。"康熙在里面听说了,传令让耿介回去休养。并让师傅们坐下来,不要站立。

有次,皇太子问他:"古井田之制八家为井,人各百亩。若不及百亩,七十亩、八十亩,或偏隅之地,作何均分?"汤斌不知道。

太子每天要来给康熙请安,康熙都要问到学习。康熙听说汤斌上课时讲《大学》中"财聚民散"的道理,就对太子说:"这是列国分疆时的话。如果海内一统,民散将怎么办?你问问他。"

后太子问汤斌,汤斌回答说:"土崩之势,甚于瓦解。"他列举秦朝、隋朝及明末敛财灭亡的事例后说,"一统而民散,祸更烈于分国时。"这话更让康熙心里不舒服。

汤斌也感到难以支撑下来,心里不时慌乱疼痛,但还是咬牙坚持。他实在不好坚持,就低头用书掩面。有次太子写完字,把朱笔递过来,要他批阅。他说,臣不能用朱笔。太子说父皇有旨,可以用朱笔。汤斌遂接过来圈点。

六月十四,汤斌很觉不适,面色苍白赶到宫内,还是晚了,他说今天有病不能入侍。康熙问什么病,老病还是新病?汤斌回奏说旧病,心痛复发。康熙让汤斌回家调养。

七月四日，康熙让明珠等议汤斌奏的事，明珠说汤斌用朱笔。达哈塔说汤斌在太子写字时昏倦，用经书掩面。

康熙表面没有说什么，但心里着实不大满意。

余国柱还不肯罢休，说汤斌在上月有关董汉臣的九卿会议上有"惭对汉臣"之语，康熙传旨诘问。汤斌回奏说："董汉臣以谕教为言，而臣忝长宫僚，动违典礼，负疚实多。"

康熙说他词语含糊不清，令再回奏。

汤斌严责自己："臣资性愚昧，前奉纶音，一时惶怖，罔知所措，本欲自陈愆过，致语多牵混，罪何可辞。臣自念供奉以来并无正经善言，足以仰助万一。而臣动违典礼，循省自惭。年来衰病侵寻，愆过丛集，乞赐严加处分，以警溺职。"

康熙还认为他"遮饰具奏，仍不明晰"，大为不满，降旨严责。

接着，左都御史璪丹等劾汤斌"奉谕申饬，不痛自引咎"。说汤斌是装病。

老实的达哈塔看不下去，上疏道："臣奉命辅导东宫，数日之内负罪实多。以汤斌、耿介不能当其任，况庸陋如臣？乞准解退。"

康熙很生气，将汤斌、达哈塔连降五级留任，耿介休致。

不久，汤斌以继母疾乞求归省。康熙下诏说："卿何忍舍朕去，将赐第京师，命卿迎养。"

汤斌以母老病重万不能来，乞请暂时归省，"复来以白衣领事"，仍不允其请。

汤斌在劳神焦思之中患病，康熙帝遣太医诊视。汤斌因九卿议事时入讲未至，又被劾，议降级调任。康熙帝命降两级留任。

九月，调汤斌为工部尚书。

十月，往通州（今通县）勘察贡木回，突然患寒病，觉得腹部疼痛，于十一日夜半而逝。卒年六十一。

汤斌对康熙可谓忠贞，但康熙仍然挑刺，不是嫌他假道学，就是嫌他知识不够。可见一个帝王的心眼。

康熙和太子都太厉害，汤斌站着不是坐着歪。良好的习惯和性格会间接决定孩子的一生。胤礽的性格太锋芒，汤斌不敢纠正，也纠正不了。责任在康熙。

朱 轼
（清中 1665—1736）

农家弟子，一心苦学，康熙、雍正、乾隆三朝为官。为浙江巡抚时，清吏治，正风俗，刚正不阿。后入值南书房。为乾隆师，以要求严格著称。去世后，乾隆赐字"帝师元老"。立无字墓碑。

朱轼出生农家专志苦学康雍乾三朝为官 治清吏正风俗 刚正不阿 为乾隆师 去世后乾隆赐字帝师元老 麟琭癸巳中秋书於俊乙

朱轼

1

北宋的大文豪苏轼绝对没有想到他后来的粉丝会那样多,六百多年后的清朝,还有人把自己的名字也叫轼,并且字也叫若瞻(苏轼字子瞻)。只因苏轼到过他的家乡。这个人就是朱轼,江西高安人。苏轼"乌台诗案"后被贬黄州,弟弟苏辙在筠州为监酒,高安为治所。他来看苏辙,来到艮溪里,此后当地人就把流经艮溪里的河称作苏河,山叫坡山。

也别说,大概是朱轼真沾了苏轼的光,朱轼由一个农家子成为太子太傅、文华殿大学士,兼兵吏两部尚书,入值南书房,也就是宰相。他是一个实干家,就仕途来说,高过苏轼。当然就才气和在历史的印记上,他仍在苏轼之下。

朱轼聪明,性格坚毅,行事果断,在通往仕途的道路上,坎坷没有苏轼多。

因做过乾隆的老师,死后,乾隆赐匾"帝师元老",刻在朱轼墓园的高大的石牌坊上,至今尚在。

比较奇怪的是朱轼的墓碑也和武则天一样是无字碑,据说古今无字碑不多,谢安、秦桧、武则天,谢安功劳太大,不好说;秦桧太奸,不能说;武则天太复杂,无法说。那么朱轼是什么意思?也是不好结论?后面再说。

让人感动的是朱轼的遗言是不加赋,他在遗疏中对乾隆说:

"万事根本君心,用人理财,尤宜慎重。君子小人,公私邪正,判在几微,当审察其心迹而进退之。至国家经费,本自有余,异日倘有言利之臣,倡加赋之说,伏祈圣心乾断,永斥浮言,实四海苍生之福。"

君王的心事万事的根本,用人和理财,特别要慎重。君子和小人,公正与私恶,区别很小。应当审查他心里的想法而决定用还是不用。至于国家经费,本来有剩余,今后如果有说利益的臣子,倡导增加赋税的说法,祈望皇上能裁决,永远罢斥这些不切实际的话,乃是天下百姓的福分。

很少帝师有这样的遗言,临死还在想着天下苍生。朱轼既是为百姓,也是为国家。这是乾隆元年的事,乾隆刚坐上龙椅,频频点头。但后来就把持不住自己,加赋加税了。

就此能看出朱轼出以公心,一身正气。

江西高安在南昌西百十里处,锦江、肖江穿流而过,山川秀美。村前镇艮溪里朱家村的普通房舍里,于康熙四年(1665)出生了一个男孩子,取名为朱轼。

朱轼很小,在曾祖父督促下读书。苏轼的影响钻到这一带人的心里去,要奋斗,要求功名。当然也钻到朱轼的骨子里。

据说七岁时,他在看木匠锯木板,有人让他以此作八股文的"破题"。他略一思索,道:"送往迎来,其所厚者薄也。"被族中长者誉为千里驹。

《江西乡贤事略》中说朱轼:"家寒素,随父授徒为活,岁饥,三日不举火,凡沦于淫,而轼为学且更深刻,气象闲然。"

注意"气象闲然"四个字,没有饭吃,他竟一点不着急,是说他把心全扑在学问上。

二十八岁,为解元。乡试第一名。主考官对朱轼的文章大加赞扬:"清空夭矫,百折不回,古气淋漓,笔力遒劲,直从八大家中沉浸沐浴而出,西江此调久不弹矣。"八大家是说唐宋韩愈等八大家,江西很久没有出过这样的人才了。

次年,进京举进士。为翰林院庶吉士。预备进入仕途。按照当时读书人的路子发展。

故事,中进士后,不授官,为庶吉士。在散馆学习,由专门的老师教授。一般是三年。清朝还要学满文,朱轼在这里呆了六年。不少人的路子是在翰林院自检讨、编修、侍讲等一步步向上,直到入值南书房,爬到高端。

朱轼不是。他下了基层。基层好,锻炼人。王安石就是不愿意呆在皇上身边,下基层。

2

1700年,即康熙三十九年,授湖广安乐府潜江县(今湖北潜江)知县。

潜江在江汉平原腹地,东临汉口,南接长江,北枕汉水。历史很丰厚。朱轼生在民间,知道百姓疾苦,也知道"水可载舟,也可覆舟",把百姓看得很高。一到潜江,就下了"免耗"令,正供之外,不得额外索取,违反者处置。一下子,官员们紧张起来,不敢乱来。人有时候,就是得不断抽鞭子。

百姓好过些,就兴教育,办白鹤书院,让学子有读书的地方。建"红雨亭"让诗友们集会。要知道他的偶像是苏轼,苏轼刚到凤翔,天旱祈雨后降雨,苏轼建喜雨亭。不是说朱轼就是亦步亦趋苏轼,而是说心相近,动作也有所模仿。

朱轼在潜江有故事。

说是有天他下乡间,有一个猴子忽然在轿子前边拦住去路,赶也赶不走,似乎有什么隐情,朱轼让随从跟踪随猴子,到了一个有尸骨的地方。朱轼命人将猴子秘密带回衙门。然后贴出告示,说要在县衙审理一桩稀奇的案件。开审当天,很多人来观看,包括凶手也来了。猴子跳出来,撕抓凶手的衣服。案件告破。

明眼人一看就知道,这是后人根据朱轼秉公断案编出来的。《清史稿》说:"有斗殴杀人狱,上官改故杀,轼力争之,卒莫能夺"。总督喻成龙以为是故意杀人,朱轼说是斗殴引起。双方意见相左。作为下官不肯听上司的,要点勇气。后来幸亏巡抚刘殿衡为朱轼说话,喻成龙才算没有把朱轼怎么样。

不过就此看出朱轼凡事较真、执著,不畏上司。

在潜江五年,颇有政声。

1705年,调回京城为刑部广东司主事。

刑部一呆又四年。从主事到员外郎,到郎中。他喜欢较真,适合刑部。

康熙四十八年(1709),朱轼来到西安,康熙钦点他出任陕西学政。学政主管教育科举。其实学政还有"正人心、厚风俗"的一面,目的在圣贤之道。凤翔郿县的张载是北宋的大学问家、思想家,创立了著名的关学,对后世影响深远。朱轼一到,就在学子中大力倡导张载,"知礼成性、变化气质训士"。

但朱轼的清廉让他受屈。

经府试录取后的童生要在县里或府里考试,由学政主持。也称院试。考中者为生员,俗称秀才。算是进了工薪阶层,见了知县不用下跪,还免除徭役。

朝廷和学政都要求严格,名册要及时上报到礼部审核,方可考试。原来每个部门都有公使钱,类似现在的招待费用,后来有些成了小费。这些钱都要向百姓摊派。朱轼没有这个钱送礼,名册就很晚才报到礼部,耽误了陕西的乡试。

有人参劾朱轼,于是将朱轼降两级,命为翰林院检讨。科试未完,上面来待任的人已来到。学子们都为朱轼说话,七千人聚集在营门,为朱轼乞保。刑部尚书张廷书等也有不少廷臣上书说,朱轼秉公行事,清正廉明,为以前所没有。

来代替朱轼的只好在外面等着。

朱轼一直主持到考试完毕。

回到京城后不久,查明事实,又恢复了原来职务。就此,康熙对朱轼有了新认识。康熙是清代第四位皇帝,乃一世雄才,驭下极严。侍讲徐元梦,教皇子们读书。徐元梦乃一书生,只会文。但康熙游牧民族出身,要皇子们射箭。徐元梦作为老师,根本拉不开弓,别说射箭。遭到康熙训斥,徐元梦辩解两句,康熙大怒,竟命人将徐元梦扑倒痛殴一顿,还抄家,将父母发配到黑龙江。后只抄出五百家,加上徐大哭,才没有发配,又恢复原职。

于此也可见满人对汉人的歧视。

3

任满后,朱轼回到江西老家一年,"纂家乘",即编纂家谱。

次年返京为光禄寺少卿。光禄寺原掌管皇上膳食,后主管祭祀。这是个过渡,两年后为顺天府为府尹。正三品。顺天府就是京畿地区,天子脚下。干好干坏,皇上很快就知道。朱轼成了此地的最高长官,位高权重。他只有尽心竭力。

翌年又为通政使司通政使。通政司掌管四方章奏。但又是仅一年,就调动。

从职务频繁变动上看,康熙对朱轼很看得上。一是朱轼忠诚,二是清廉,三是朱轼是程朱理学的代表,对朱子之说深有研究。

康熙五十六年(1717)正月,为浙江巡抚,成为封疆大吏。五十三岁,正是经验丰富之时。

杭州是个好地方,重要的是苏轼也做过杭州太守,政绩不少,苏堤就是其中之一。朱轼很兴奋。

朱轼在杭州三年,做了三件大事:正风俗、清吏治、修海塘。

清查吏治,在于奖励廉洁,惩治贪腐。正风俗也是崇尚节俭。他说:"查吏莫先于奖廉惩贪,厚俗莫要于去奢崇俭。"朱轼从自身做起,凡文牍都有自己动手,不请宾客;吃粝饭穿粗衣,仪从减半。

浙江富足,文化氛围丰厚,婚丧嫁娶也奢靡。朱轼亲自做《戒侈费》等文,劝诫百姓节俭。重建万松书院,亲自训课,民风丕变。

朱轼是个工作狂。

他要对付钱塘江。钱塘江在杭州南,由于月球和太阳的引潮力作用,每年八月十八前后都要有大潮。排山倒海局面极为壮观。是世界三大涌潮之一。大潮好看,也带来灾难。百姓吃水都成问题,也有切断京杭大运河的危险。康熙五十四年春夏之间,风潮陡发,海宁塘数千丈塌陷,百姓遭难。被康熙打过的徐元梦为浙江巡抚,奏修石塘三千多丈。

但海宁多浮沙,虽有巨石,但大潮一来,照样能冲垮。朱轼走访群众,奏请采用松木、杉木做成长丈余、高四尺的木柜,装满石子,横贴堤基,上面再覆以巨石。合缝处用油灰抿灌,铁鐾嵌合。康熙照准。总督满保和朱轼又委任杭州知府张恕可具体负责。但朱轼于公务繁忙之时,也抽出时间到堤坝巡视。这段近千丈的堤坝直到康熙五十九年才竣工。《钱塘江志》说这是"清代大规模兴建石塘的开端"。

是年,又请准在杭州、嘉兴、绍兴三府各设海防同知一员,专司钱塘江海塘岁修。此前海塘没有专人管理,容易扯皮。朱轼开专职官员管理海塘的先河。

就此,可以读出朱轼为百姓谋福祉的心声。

此外,朱轼照章弹劾巡盐御史哈尔金在浙江受商人贿赂,康熙命张廷枢查办。

朱轼眼里只有国法。

康熙五十九年朱轼任满回京,升任光禄大夫,都察院左都御史。掌管都察院。类似现在最高检察长。

次年二月,家里传来讣告,父亲病逝。朱轼极为悲恸。他上奏丁忧回家,为父亲守丧。但陕西大旱,闹起了饥荒,康熙"夺情",要其赴陕赈灾。一天早上起来,朱轼咳嗽不止,竟咳出一团血来,吓坏了一家人。其实是肺结核发作,但也顾不得。

六月,正是热极的天,康熙又令其立即到山西赈灾。他立时起身到太原。朱轼影响力大,又编选了先贤格言《广惠编》发给富豪,启发他们善心,出粮出款,周济贫民。《山西通志》记载:朱轼"察官吏,安流庸,禁遏粜,招米商,设粥厂,立医局,补驿夫……全活数十万人。"

这就是朱轼。

山陕总督年羹尧弹劾西安、凤翔知府亏帑,上命朱轼查办。朱轼查验属实,按律办理。户部广西司郎中李卫,在救灾中才能超群,又廉洁奉公,朱轼推荐他为直隶巡道。就是电视剧《李卫当官》中的李卫。

4

次年三月,康熙准许朱轼回家葬父。

将近年终,在位六十一年的康熙病逝。康熙在继承人上有诸多说法,其中一个说法牵扯到朱轼。

传言说朱轼回家途中,忽然接到雍亲王就是以后雍正的密令,要其返京。原来康熙已死,雍亲王想改遗诏,但不知如何下手。遗诏上是"传位十四皇子"。十四皇子是爱新觉罗·胤禵,雍正是爱新觉罗·胤禛。据说朱轼出主意让把"十"字改为"于"字,也有说改成"第"字。其实都不可能。遗诏是满汉两种文字,即便改能改汉字,满文怎么改?

有这个传说一是雍正心狠多疑,胤禵仁慈。人们同情弱者。二是雍正七年后才把遗诏公开。三是这个材料很适合小说家的口味,或者说就是小说家编的。四是朱轼当时连大学士都不是,没有可能让他出主意。雍正即位后,赐朱轼宅邸并银子一千两,可能是这个原因,加上死后的无字碑,就说是朱轼。

四十四岁的雍正做事雷厉风行,一上来,就命朱轼为皇四子、皇五子讲席。皇四子弘历就是日后的乾隆。此时十二岁。据说康熙死前那年,第一次见到弘历,就喜欢上了。他有九十多个孙子,很多没有见过。少年弘历如玉树临风,清澈的眼睛里闪着聪慧和沉静,康熙令养在宫中,亲自授课。

雍正秘密立旨,确定弘历为皇储。雍正之所以要秘密,有多种考虑,既可以考察皇储,也可以考察老师,还可以激励皇子们奋发。

皇子的老师不好当。清朝人对汉人很纠结,看不起汉人,又离不开汉人。康熙对徐元梦是个例子。雍正虽不说和康熙一样,但对汉人的态度相差无几。

雍正在乾清门左侧,专门辟了懋勤殿,叫上书房,皇子们都在这里读书。雍正还写了楹联:立身以至诚为本,读书以名理为先。雍正一有闲暇,就来视察学习情形。西苑、圆明园也有上书房,皇上驻跸哪里,上书房就到哪里,以便督查。

除此之外,雍正还设有总师傅,一般每日到书房两三次,稽查课程。又有称"谙达"的三种:一伯哩谙达,由八旗参领、佐领一级人员中挑选娴熟弓马者充任,负责教授弓箭;再是蒙古谙达和满洲谙达。八旗翻译出身,前者教授蒙古语,后者教满文和翻译。谙达也设总谙达,派满洲权贵充当。

和弘历一起读书的还有弟弟弘昼以及其他同窗。弘历把读书的地方起名叫乐善堂。雍正很高兴,亲自写了匾,挂在那里。

弘历以前的老师是满人福敏。福敏也是饱学之士,比朱轼小几岁,对朱轼很敬重。

雍正专门下谕旨:"诸皇子入学之日,与师傅备杌子四张,高桌四张,将书籍、笔砚、表里安设桌上。皇子行礼时,尔等力劝其受礼。如不肯受,皇子向座一揖,以师儒之礼相敬。如此,则皇子知隆重师傅,师傅等得尽心教导,此古礼也。至桌张饭菜,尔等照例用心预备。"

共四位老师:朱轼、徐元梦、张廷玉、嵇曾筠。朱轼打头。行拜师礼这天,四位先生出席,弘历等恭恭敬敬向老师们叩头。

朱轼年近六十。道德、学问都是第一。后来乾隆还有过不少老师,但福敏和朱轼是他最感激的。福敏为他打基础,朱轼教他扎实的学问。

每日都上课。满汉文都有。"卯入申出",四点钟起来,要温习功课,五点正式上课,到下午三点结束,还要去骑马射箭。

按规定,每年除元旦、端午、中秋、皇帝"万寿"及本人生日,可免去课读,除夕准提前散学。朱轼对皇子们要求极其严格:"规定要背的课文,当天必须背会,要写的字,也得写完。"他板着面孔说。

"读书者每日至下屋歇息一两次,每次一刻,须师傅准去始可去。读书空间也可讲书或讨论掌故,但不准常至下屋及出院闲走。否则罚书、罚字,或罚下榻立读。"另外皇子的侍候人只准在窗外或明间听差。各处太监也不能在窗外行走,否则便要受到"惩办"。

雍正觉得他太过分,有天对他说:"教也为王,不教也为王。"意思是,对皇子们教育他做王,不教育他也做王,先生何必这么严格呢?

朱轼道:"教则为尧舜,不教则为桀纣。"教育好他,就可以使他做尧舜那样的贤君,不教好他,就会成为夏桀、商纣那样的暴君。

雍正见说得有理,也就不好再说什么。

这是朱轼的教育观。一个人成才不成才,要看教育如何。不教就有可能成为暴君。教他往好处走,就会成为明君。帝师肩上的责任比一般教师要大得多。

5

朱轼主要是讲经。他把经讲活了,五经中无论是哪一种,他都能抓住核心随口道来。朱轼很推崇汉代的贾谊,这是个才子,曾给汉文帝出过不少好主意,也做过长沙王的太傅。贾谊主张用儒家思想治理国家。

"谁能说说秦国为何而亡?"朱轼用启发式提问。

弘历道:"因残暴不能以民为本而亡。"

"好。正是如此。太傅贾谊也正是如此总结秦亡的教训。无论哪个朝代对百姓无道,吃苦头的只有自己。当然仁义是对百姓而言,对反叛的诸侯,就不能实行仁义。"

"那么,历朝历代都为何倡导礼?"

又是弘历抢先道:"礼能固国家,定社稷,安民心,让君臣有别,尊卑有序。"

除了讲贾谊,朱轼还讲汉代另一个大人物董仲舒。董仲舒是汉景帝时的博士,讲授《公羊春秋》。是儒家思想发展的里程碑。汉武帝后来"罢黜百家独尊儒术",就是他的主意。此外还有北宋理学的周敦颐、张载、邵雍、二程等五子。

朱轼带着他们在儒家的知识海洋中遨游。

这天讲张载,他把事先写的张载名言拿出来,让皇子们看:

> 为天地立心,
> 为生民立命,
> 为往圣继绝学,
> 为万世开太平。

都震撼了,为张载的宣言震撼。提起了皇子们的兴致,个个睁大眼睛。他又说:"张载是二程的表叔,周敦颐又做过二程的老师。他们是相互联系,有启发,有激发,还有辩论。思想不一样。"接下来一个个讲述。

比较起来,弘昼稍微笨些。背书和作业都慢,少不得弘历要陪他。

朱轼便要弘历预习第二天的。

数月之后,雍正笑问朱轼,"我儿哪一个学得好?"

朱轼道:"弘历聪慧好学,且仁慈爱思,每每总有不俗见解,着实难得。"

雍正笑了笑:响鼓也要用重锤。

朱轼似乎听出了什么,就更加着力培养,把儒家思想作为弘历灵魂的支撑。

弘历兴趣广泛,作诗、绘画,样样都会。但以经学为主。为皇上后,虽宽猛相济,但还是以宽为主。

四个老师中,张廷玉为礼部尚书,很忙。一个月能来一两次。徐元梦和嵇曾筠授课时间也不长。后来乾隆在《怀旧诗》中说:"时已熟经文,每为阐经旨。汉则称贾、董,宋惟宗五子。恒云不在言,唯在行而已。如坐春风中,十三年迅耳。……呜呼于先生,吾得学之体"。

"恒云不在言,唯在行而已"就是安身立命在行动,不在语言。每当想起这些话,乾隆的心里就如同春风吹过。

6

好钢用在刀刃上,雍正要张廷玉和朱轼主持顺天府乡试。顺天府乡试不好主持,一是天子脚下,稍有纰漏,就马上能捅到天子那里。两人从出题到监考、录取都做得相当完美。雍正又让两人主事当年的会试,结果也同样好。雍正很高兴。

据说会试间侍郎刘碧为副主考官。

开考前一天,雍正密召两主考官定下考题。当天下午,国舅就命其亲信给朱轼、刘碧各送来黄金、锦缎等贵重礼品,请两位关照他的儿子,与此同时,刑部、户部等一些官员也送来不少礼品,均请主考官关照其亲朋好友。刘碧禁不住诱惑将考题泄露,朱轼却连夜将全部礼单、礼品进宫禀告雍正,雍正立即要治罪刘碧和国舅等官员。朱轼则请雍正暂不处理人事,先重新出考题。结果可想而知,国舅等送礼官员亲属子女名落孙山。

雍正为此赞赏朱轼"尽拨佳文、摒除弊端",并赐《朝堂良佐》匾额和题诗御扇于朱轼,以示奖赏。扇面上雍正题五言诗道:"高岳生良佐,兴朝瑞老臣。南宫持藻鉴,北斗柄权衡。忠岂唯供职,清能不近明。眷言思供理,为国福苍生。"既是称赞,也是勉励。

朱轼也好友,与方苞和蔡世远都不错。

方苞是个汉子,著名散文家,被视为桐城派开山鼻祖。方苞喜欢结友,喝了酒后骂人,专拣当朝名人大官骂。当年和戴名世为友,一起骂,得罪不少公卿。戴名世在一本书中用"南明"年号,被视为大逆不道处死。方苞被定为死罪,入狱两年,后被大学士李光地营救。此时为武英殿修书总裁。

朱轼劝方苞:你那个驴脾气,要改改,要不还会得罪人。

方苞听了,只是笑。脾气岂是好改的?

但方苞很称许朱轼的学问,说是"日晶玉洁,光焰万丈"。

蔡世远也是弘历的老师,比较年轻,但好学,头脑敏捷。1726年,也就是雍正四年,为教学方便,同时也为后学提供榜样,朱轼和蔡世远一起主编《史传三编》:《中国名臣传》、《中国名儒传》、《中国循吏传》。

弘历把自己的诗文编在一起,叫做《乐善堂全集》,请朱轼、蔡世远等作序。

就在这一年,朱轼为太子太傅,《圣祖实录》总裁。

翌年,雍正又授朱轼兼理吏部尚书。

吏部尚书,要管理全国的官员。他写过《循吏传》,循吏就是能干、清廉的官员。他欣赏这样的官员,而对碌碌无为或贪腐成性、鱼肉乡里的官员很痛恨,就下大力整治。巧合的是雍正也是这个思路,康熙后期官员队伍腐败,不整顿不行。朱轼生于农村,知道县乡官员的跋扈,他从基层做起,严格铨选和管理。制定制度,定期检查,查办违法,督促后进。整顿后大有改观。

是年,浙江沿海有了事。七月十八、十九两日飓风大作,海潮涌进,堤坝冲毁不少。修堤坝需要五十多万银两,但雍正上任不久,要钱的地方很多,他拿不出这么多。正好有乡宦触动法律,捐银四十万两"纳赎免罪"。

银子有了,可巡抚在修土坝和石坝上犹豫不定,雍正想起朱轼。十二月谕朱轼:浙江沿海塘工,最为紧要。署抚石文焯前经奏称应用石工,后又奏称不必用石,全无定见,诚恐贻误塘工。朕已谕令法海、佟吉图作速详议具奏矣,但恐法海等初任,不谙地方情形。尔曾为浙江巡抚,必深悉事宜,著驰驿前往浙江,作何修筑之处,会同法海、佟吉图详查定议,交与法海等修筑。朕思海塘关系民生,务要工程坚固,一劳永逸,不可吝惜钱粮。江南海塘亦为紧要,俟浙江议定,即至苏州,会同何天培、鄂尔泰,将查勘苏松塘工如何修筑之处,亦定议具奏。

法海、佟吉图、何天培、鄂尔泰均为浙江、江苏两地督抚。

雍正是想修建一劳永逸的工程。

帝师差不多有共同特点。就是言行一致,这既是对自己的严要求,同时也是做给自己的学生看,为他们立榜样,将来好治国。

朱轼即时启程赴浙江。八年前上任的地方,他很熟悉,自然有种说不上来的亲切感。他不顾路途劳累,一到就遍地查勘,见到当年自己修的还牢固,他吃了定心丸。从海宁到绍兴,再到松江府,他仔细检验,要随从用尺子丈量距离。

雍正三年(1725)三月,他返京上书雍正,讲得很详细,何处有多少丈海塘,何时修建,现在如何,应怎样修建、工期、银两等等,都一一道来。

浙江石头多,朱轼建议浙江修石塘,上海修土塘,颇和雍正心思。

朱轼回京,雍正命其为文华殿大学士。朱轼俨然成了雍正的左膀右臂。

7

朱轼几乎成了水利专家。雍正四年,上命怡亲王胤祥总理畿辅水利营田,以朱轼为副手。怡亲王是雍正的十三弟,很得雍正信任。水利营田,不光是治水,还要大规模营造水稻田,在北方种植水稻,解决京城的粮食问题,以避免南方粮食漕运的不到位。

二月,朱轼八十多岁的母亲病逝。父亲去世,他没有丁忧,是因为山陕有灾。这次没有大事,可应该让自己回家守制,但上书后,雍正只让他驰驿回籍。并"赐内帑治丧,敕江西巡抚俟轼至家赐祭。"

他自京城奔回江西,到南昌,巡抚裴率度已等在那里,和朱轼一同至高安祭丧,使朱轼多少有些安慰。

八月,朱轼返京。雍正又着大臣慰劳。雍正答应他可以解任,但仍领水利营田。

六年,六十四岁的朱轼以病乞求解任,雍正手诏留之。在雍正看来,老马识途。两年后,怡亲王去世,朱轼总理水利营田。后又兼兵部尚书,署翰林院掌院学士。

但曲折来临。这一年夏天,北方的雨特别大,朱轼担心北运河涨水,果真"堤工水溢",受到了降职留用的处置。

他还受到了惊天大案吕留良案的牵连。

吕留良是浙江崇德县(今浙江桐乡崇福镇)人,今天看来是一位思想家,但当时是叛逆。生于明崇祯年间,此人很有才华,不见他如何用功,但门门称绝,凡"天文、谶纬、乐律、兵法、星卜、算术、灵兰、青乌、丹经、梵志之书,无不洞晓"。还工书法,逼似颜真卿。清军入关后,散尽家资,组织义军,兵败后隐居行医。顺治年间曾改名为诸生,后来深深懊悔这一行为。

后结识著名学者黄宗羲等。康熙十七年朝廷开博学鸿词科,笼络名士。浙江首推吕留良,但吕留良入山为僧。康熙二十二年去世。

本来不应该有事,但有个叫曾静的秀才继承他的学说,广为传播。时局很不平静,有不少人反对雍正。曾静派门生张熙策动川陕总督岳钟琪谋反,岳钟琪向朝廷举报了张熙。张熙供出曾静,曾静又带出了吕留良。雍正觉得吕留良才是大敌,吕留良著有很多书,里面坚持清朝为夷。

雍正恨吕留良,将吕留良的尸首扒出来。祖父、父亲、子孙中十六岁以上的斩立决。受牵连的不少。

严酷的雍正要从思想上肃清吕留良的影响,自己撰写了《大义觉迷录》驳斥吕留良,还令朱轼运用程朱理学——驳斥。

朱轼和吕留良是八竿子打不着的事,但有人弹劾朱轼当时为浙江巡抚,对吕留良的书失察,请将朱轼革职。

雍正下特旨留任。但朱轼心里很郁闷机阻了几年。

朱轼不是思想家,也做不出反清的举动。和吕留良比,他是矮了一截。

雍正十三年(1735)，又要建筑浙江海塘，朱轼主动请缨到浙江，雍正答应了，要当地督抚都听他节制。

朱轼第三次到浙江，心情和上两次不同，这次有压抑，好在一进入工作，就愉快起来。虽然他已经七十一岁。

也就是这一年，雍正去世。

二十五岁的弘历即位，为乾隆。朱轼很欣忭。

乾隆一即位，就重视自己的老师，立马将老师自浙江召回。偌大年纪还在一线，他不忍，更重要的是他刚上台，不熟悉政情，需要三朝元老协助。

乾隆召见朱轼，见到自己的老师，他很高兴。让其在总理事务王大臣处协理，参与政要决策。

雍正崇尚严酷，监狱人满为患。官吏怕受处置，也不敢说实话。朱轼上奏折两份，一份是说执法的，"法吏以严刻为能，不问是非曲直，刻意株连，惟逞锻炼之长"，请乾隆敕督抚和有司，审理案件要明察、谨慎、周详，"刑具悉遵定制，不得擅用夹棍、大枷"。

第二份说各地开垦荒地情形。他说广西报开垦数万亩，多是虚无；河南也多有不实。有的地方是山地，"旋垦旋荒"；有的地方是河滨，一涨水就淹掉。请让各地实报，予以详察。有不实的开除。

乾隆大喜，要朱轼主事会试。

接着朱轼又向乾隆举荐人才，如李前勋、黄叔琳等十几人。

是年八月八日，朱轼旧疾复发，咳血不止。九月十六日，乾隆亲到府上看望。朱轼知道自己去日无多，这是最后一次见面了。他流下了泪。

数日后，写下了文章开头说的为天下苍生的遗言。不久便去世。

高安至今还有以他的内容编的采茶戏。

一个人做好事，百姓会永远记住他。

翁同龢
(清末 1830—1904)

状元，其父翁心存先为帝师。其又为同治、光绪两帝师。为刑部侍郎时，平反杨乃武和小白菜冤案。曾两次入值军机大臣。参与中法战争及中日甲午战争决策。著名书法家。戊戌变法后，罢归故里。

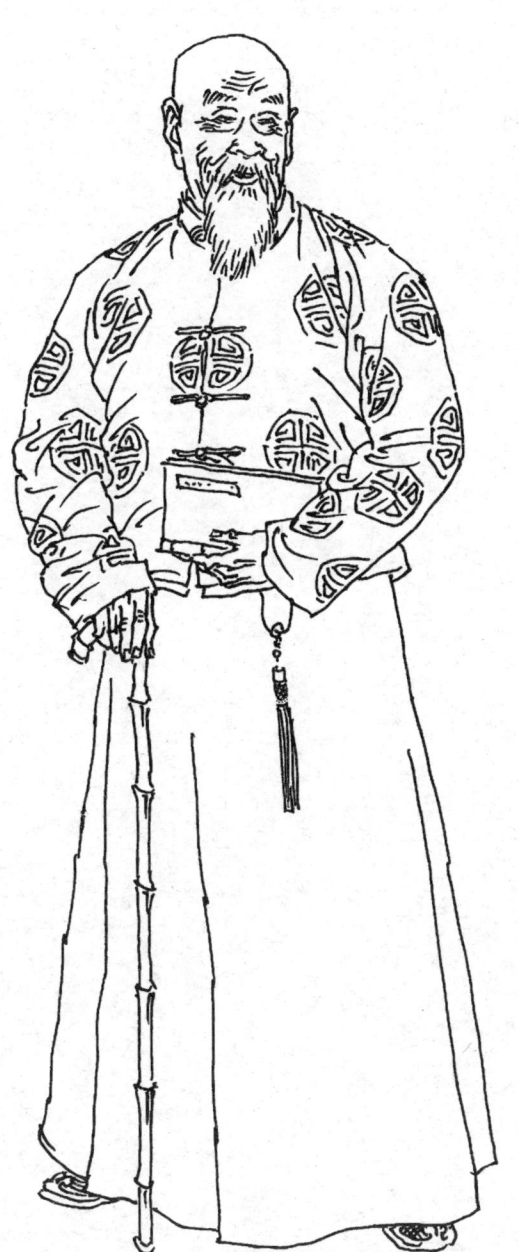

翁同龢 为同治光绪两帝师 著名书法家 曾两次入值军机大臣 参与中法战争及中日甲午战争决策

麟庐癸巳中秋书於後乐

翁同龢

1

历史上,帝师不多,父子为帝师的更是屈指可数。清代前期有张英、张廷玉父子,后期就是翁心存、翁同龢。

翁同龢,曾参与同治、光绪年间重大朝政,如洋务新政、中法战争、中日甲午战争、戊戌变法以及有关对外交涉。梁启超盛称翁同龢为"中国维新第一导师"。

翁家父子是江苏常熟人,常熟,名字很好听。丰收的不仅是庄稼,还有人才。翁氏家"一门四进士、一门三巡抚;父子大学士、父子尚书、父子帝师"。占尽了风光,很少能与之相比的,不仅是江苏,就是全国也不多。

常熟归苏州管,以出状元著称。苏州历史上共有六十名,常熟就八名,翁同龢和侄子翁曾源都是。

翁心存有三个儿子,老大翁同书、老二翁同爵、翁同龢是老三。

说翁氏家族以耕读传家一点都不错。翁家有一副对联:上联是:绵世泽莫如为善;下联是:振家声还是读书。

上联是做人,下联是修身。

据说翁心存仅差一点就做了状元。道光二年,宰相英和主试,他看翁心存卷子不错,定为一甲一名。但另一人不同意。关键时节,英和身体有病,由另一位做主,失去了状元。不过翁心存官做得一直不小,先是督广东学政,后就入上书房,先后为咸丰帝、恭亲王奕訢、惠亲王绵愉的师傅,晚年入值弘德殿,又授读同治帝。

做过工、刑、兵、吏、户五个部的尚书,后又为体仁阁大学士等。

道光十年四月二十七日（1830年5月19日），翁同龢出生在北京城内石驸马大街罗圈胡同寓所。

四岁时，随祖母和母亲许氏回到常熟。上一年，翁心存购买了一大所房屋，后命名为彩衣堂。翁同龢喜欢读书，夏天酷热蚊子叮咬，他在几案下放个大瓮，既消暑又防蚊；冬天就是再冷，他也诵读不辍。后入常熟县学游文书院读书。

十六岁为秀才，二十三岁中举，状元是咸丰六年（1856），二十七岁。不消说，翁同龢高兴，翁心存高兴，两个兄长和全家都高兴。这是翁家的第一个状元。

翌年就被授予翰林院修撰，此后一直顺风顺水。有他父亲在，是个有利因素，但不可否认翁同龢个人的努力。在高层的漩涡中奋斗，挣扎，要有足够的政治智慧才行。

咸丰很看重这个年轻人，隔一年，即要他为陕西典试副主考。主考是潘祖荫。翁同龢和他父亲一样，有记日记的习惯，让我们知道他不少细节。对这次为副主考，他不是很欣喜，因为不久前他爱妻病逝，心情很抑郁。

七月流火，天正热，他和潘祖荫自京城出发。经一个月颠簸，才到达西安。阅卷劳累致"寒热并作，彻夜狂呼"。但还是得坚持，边服药，边阅卷。此时翁同龢的字就写得不错，刚安顿下来，就有人找来要字。他的字厚重浑朴、气息庄严，出于颜体，碑帖兼容，自成一家。晚年尤为炉火纯青。从字上也可看出翁同龢的人品：端正方严。此时已有些面目，求字的人多，反而让病更重。

九月，即为陕西学政，抱病视察各地。后因病回京。翁同龢很廉洁，学政是个敛钱的位置，但翁同龢不会也不肯，有时竟"囊无一钱"。

咸丰六年后，肃顺为军机大臣，肃顺很严厉、果敢。翁心存和肃顺不和，翁心存先做过户部尚书，肃顺后做。1860年，即咸丰十年，肃顺查翁心存有问题，后降五级留任。翁心存相信自己没有问题，翁同龢却为父亲忧心忡忡。

其时晚清已处于风雨飘摇之中，咸丰这个皇帝不好当，即位的当年，洪秀全就在广西闹太平天国，后来又是英法联军侵入北京，内忧外患。咸丰是个软骨头，尤其对洋人，逃到承德避暑山庄。三十一岁，就死了。

翁同龢也处于这个大环境中，国家不稳，家庭也受罪。长兄翁同书为安徽巡抚，先是在捻军围城时，弃城逃跑。后又和悍将苗沛霖发生争执，苗沛霖领兵包围寿州。曾国藩令李鸿章写折子参劾翁同书处置不当。朝廷将翁同书下狱候斩。后发配新疆伊犁。

六岁的载淳即位，史称同治。此为1861年。

太后慈禧将肃顺处死，权力掌握在自己手中。肃顺一死，七十一岁的翁心存又充实录馆监修总裁，得到重用。此机构虽只是修史，总裁一般都是大学士。

2

同治元年，翁同龢被授命为山西乡试主考官。自此翁同龢曾多次为主考官，故而门生多。返京后，将近年底为日讲起居注官。

就在此时，父亲患病，翁同龢日夜守候，但翁心存还是去世。父亲的死，让翁同龢很悲痛。翁同龢是个重感情的人。妻子的忌日，他都要祭奠。

同治四年(1865)十月十四日，诏命詹事府右中允翁同龢为弘德殿行走，做同治的师傅。同时，还有三人：工部尚书倭仁、编修李鸿藻、实录馆协修徐桐。

教导十岁的同治。和父亲一样为帝师，可以看作是对翁家的信任和器重，也标志着翁同龢开始进入高层。翁同龢非常高兴，向两宫太后表示，一定竭尽全力，辅导皇上，报答皇恩。

前后教同治九年。

几乎都是寅时(早晨四点左右)入值，申时(下午五点左右)回家。

十七日，正式上课。翁同龢早早来到弘德殿，等候同治小皇帝。不一时，倭仁和徐桐也来了，倭仁已六十出头，总是拉着脸。徐桐四十来岁。

这天，倭仁、徐桐先讲《尚书》和《孟子》。膳后，由翁同龢讲《帝鉴图说》，这本书是明代张居正编的，内中都是小故事，还有图画，专门教小帝王用的。内中既有励精图治的，也有倒行逆施的。同治很喜欢听故事，故而第一次授课很成功。

翁同龢还奉命去养心殿为两宫皇太后进讲《治平宝鉴》。此书是专讲历朝历代母后临朝权力斗争的。两宫太后慈安和慈禧要听，尤其是慈禧要听。她要做武则天式样的人物，不能不听历史的经验和教训。

对翁同龢来说，给两宫皇太后进讲比给年幼的同治进讲更难，一旦出错，就不是小事，有可能被革职为民，身败名裂。因此，在第一次进讲的前夜，他将要进讲的内容反复温习，几乎一夜没睡。

他第一次进讲的题目是《宋孝宗与大臣陈俊卿论唐太宗能受忠言》。在进讲中，翁同龢说唐太宗如何虚怀纳谏、礼贤下士，讲得不仅仅节规矩大方，且思路清晰、语言流利、剖析精当，两宫皇太后和在场王公大臣都很满意。太后问，宋孝宗是不是贤主？翁同龢说是南渡后第一个贤主，陈俊卿是直臣，孝宗能用他，说明是贤主。

此后，他还到养心殿给两宫皇太后进讲了关于宋、金、元、明四朝帝王的十五个专题。他性情爽直，也效法前臣，结合历史，大胆批评当朝弊政，并相应提出改正意见，其中许多意见被采纳。如此敢于直言进谏，这在当朝上大夫中很少见。

翁同龢做事认真，有时为弄清一个问题，查找一本书，跑遍北京大小书铺。同治小，为使同治能学会作诗，他专门编了《唐诗选读》，亲自抄呈，交同治带回宫中阅读。同治读古文有困难，他又将常用文言虚词集录成册，附上例文注释。因笔不合手同治书法不佳，翁同龢亲自到笔店买了两支上等笔送给同治。

同治和太后都很满意翁同龢。

翁同龢极想把同治培养成有道之君，不过同治不是康熙，也不是乾隆，似乎昭示着满清一天不如一天。其实照有眼力的历史学家的说法，自秦始，两千年的中国都在演绎着帝国的制度，无非是变换个姓名而已。清朝只是衰落的帝国。同治做了很好的注解，性格软弱，还常有病。读书不是太下工夫。慈禧也太强势，同治在她手下也只能如此。

同治的师傅中，翁同龢的班次在最后。

3

自此，翁同龢每天就是教授同治，有时为太后隔着帘子进讲。教同治,除了《帝鉴图说》,也讲《书经》、《易经》等,还要学满文,写大字。同治五年正月春节,同治误食金钱,但所幸无碍,初七即开课。太后也很关心同治的功课,给太后们上完课,她们就问同治学得怎么样,有时同治有病,太后们就让少讲点,不要给太大压力。

翁同龢也想了不少办法。同治精神疲倦时,他就停止授课,要同治到庭中走走,借以解除疲劳;同治表示作论太难、提议不妨先由师傅做几段时,翁同龢便先做几段。

日子很单调。

同治偷懒时,翁同龢就很严肃地说,有过就改是做圣王的基础。同治一听,喜了起来。正好《帝鉴图说》有《延英忘倦》一段,是说唐宪宗在延英殿和宰相论说治国之道,天气闷热,宪宗衣裳湿透,宰相裴度劝他休息,但他依然不肯。翁同龢提高声音道:做个好君王并不容易,但做个不好的君王,倒很容易。他讲得精神抖擞,同治也瞪大了眼睛。

皇上用功的时候,翁同龢就掩饰不住自己的高兴。但这种时候不是太多。上新课的时候,艰难一些。温习旧课,要好得多。后来竟有些怕书,不会做文章,看奏折也看不明白。

同治在不喜欢当皇帝上,有些和南唐的李煜差不多,他对翁同龢叹气,说当皇帝是个苦差。

同治这种性格不适合当皇帝,当皇帝要有雄心才行。看到自己亲手培养的皇帝是这样,翁同龢也只有暗暗着急叹气,但口中还得勉励。

1871年底,即同治十年底翁同龢母亲病逝,翁同龢上奏回原籍治丧,一直到三年后。

1872年,同治十七岁,成了婚,也亲了政。但此人真不会当皇帝,容易发脾气,做事无定则。两年后的七月,他要修圆明园,大臣们不同意,他就发怒。责问从江南回来才七天的翁同龢为何不说话?这是同治第一次责问他。他有些惶恐,但据实回答:刚回来七天,上六天课。没有时间进言。后来又说了江南一带民间传言。同治这才打消修圆明园的念头。

十二月,同治就去世。照翁同龢看来,是出天花而死。但有人说是梅毒，也有人说是被慈禧害死。我倒同意翁同龢的看法，此时翁同龢已从家乡回到弘德殿，到宫中探视，同治脸上"花极稠密"。再说慈禧虽然贪婪权利，但不至于对自己亲生儿子下手。何况同治和她没有太大矛盾。

成才不成才，因素极多。天赋应是第一，天赋里除了天资，就有性格，教育只是一种办法，未必万能。

朝廷对翁同龢还是信任有加。同治四年，他奉旨阅看文宗实录，按例只有亲王或大学士才有资格阅看前朝皇帝实录。

官职上擢为国子监祭酒，进而又升为太仆寺正卿、同治十二年，推恩赏给他一品顶戴。

光绪元年（1875），四岁的载湉登基。同治没有儿子，载湉是咸丰的侄子。两宫太后自然要垂帘听政。

是年，翁同龢署刑部右侍郎。十二月的一天，他接到一卷宗。就是杨乃武与小白菜的案件。此案后来被称为晚清四大冤案之首。

两年前，浙江余杭县余杭镇发生一起命案，豆腐店伙计葛品连暴病身亡。知县刘锡彤怀疑本县举人杨乃武诱奸葛品连之妻毕秀姑，毒毙葛品连，对杨乃武和毕秀姑重刑逼供，断结为"谋夫夺妇"罪，上报杭州府衙和浙江省署。杭州府与浙江巡抚也照原拟断结，上报刑部。后经杨乃武之姐杨淑英二次京控，惊动朝廷中一批主持正义的官员，联名上诉。太后也关注此案。

翁同龢细阅全部案卷，发现供词与诉状的疑点和漏洞不少。他又走访浙籍的京官，听取了刑部经办人员的意见，讯问犯人，调查证人，由刑部开棺验尸重新检验尸骨，终于查清葛品连系病死而非中毒死亡。至此，杨乃武与小白菜冤案得以平反。办理此案的大小官员以及作伪证的证人受到惩治。

不久，两宫命翁同龢和侍郎夏同善为毓庆宫行走，教育光绪。她们看好翁同龢。

四十五岁的翁同龢又喜又忧，喜不用说，两宫继续信任，忧的是同治教育不成功，光绪如何呢？才四岁。他觉得责任重大，上书辞掉，但两宫不准。要他尽心竭力。他只有勉力而为。

可以说，翁同龢为两帝的成长呕心沥血。

4

自1876年开始至1897年毓庆宫撤销,共二十二年,光绪从一个不懂事的孩子长成青年,翁同龢一直为书房的师傅,和光绪的感情很深。

深宫内,到处充满着诡谲和黑暗,但唯有上书房这块地干净、阳光、和谐。有的是宁静和温馨。

"二月二十一日,晴朗喧和,寅正入。"寅正,就是早晨五点。翁同龢和夏同善等第一次教光绪。一个很矮的几案上,翁同龢写了"天下太平"和"正大光明"八个大字,请光绪照着写。他给光绪讲"帝德如天"的道理,他知道光绪听不懂。但灌输一点总是好。其实翁同龢更多的是要表达自己的教育主张。一朝天子昏庸,遭殃的是整个天下。他要将天子塑造成贤能之君。依我说,天下两种人最没有私心:一种是父母,这个不用说。父母都喜欢子女胜过自己。再者是老师,老师也喜欢自己的学生将来有大大的出息。要说有点小私心,就是出息了脸上有点光。

四五岁的孩子很难弄。光绪身体不好,喜欢哭闹。最初只是教他识字,或者相当于保姆性质。天还很冷的季节,教下来,竟汗湿了衣裳。

小光绪不是很喜欢读书,再说年纪太小,课程常常进行到一半,就不干了。稍加训斥,便大哭不止,几天不读书。好言相劝,也不听。软硬不吃。

西太后听说后,对光绪惩罚,不读书不让多吃东西。但这也不是办法,翁同龢找来光绪的生父奕環,奕環也是软硬兼施,开始还奏效,但渐渐也失灵。

开始两年,每天只是半天课。光绪六年,改为全天。光绪很不情愿。翁同龢和夏同善等商定,读不会就罚多读。结果光绪大闹,甚至有次离开上书房,罢课。后又改为鼓励法,光绪才接受。

这一手可见光绪的性格,不同于同治。日后亲政和慈禧的矛盾此时已见端倪。

日子久了,光绪对翁同龢就有了很深的感情。光绪胆子小,雨天电闪雷鸣就极为害怕。翁同龢总是将光绪抱在怀中,要他不必惧怕。光绪从小离开父母进宫,由太监服侍,有的太监们总是敲诈,当得不到满足时,便怠慢光绪。翁同龢得知后,有时当面训斥不规太监,有时上奏两太后责罚。为此,光绪把翁同龢看为知己,有什么喜悦和烦恼都愿意和翁同龢述说。

光绪稍大后,渐渐走向正规,读书总的比同治强。1877年春节期间,光绪自己到书房读书,开学后翁同龢就教他《孝经》等。翁同龢还是注入式教学法,他读一句,光绪读一句。然后反复读百遍。

是年翁同龢回江苏修墓,离京两个月,归来后光绪第一句话就是:"吾思汝久矣。"感动得他直流泪。

光阴荏苒,又是两年。

光绪又有进步,有的地方没有教,也有所领会,而且字也写得好。这年腊月二十四,光绪写了大红"福"、"寿"两个字,将两个字在老师身上来回拖了两遍,表示全身福,把字送给了老师。不用说,老师喜不自禁。

翁同龢也并不是只教光绪读书,也有政务。光绪七年,要他管理国子监事物,并到南书房看折子。有时也到总理衙门。慈禧有病,也要看药方,下药。他还会堪舆,同治的墓地,是他和几个人一起去看的。慈安太后崩,慈禧命他管理治丧,小到油漆棺材的事,他都要管。

但最令翁同龢操心的还是光绪读书,光绪读书并不一贯到底,时好时坏。好时高兴,坏时头疼。

光绪成熟早,1881年,即光绪七年,才十一岁已是个英俊少年,开始明事知礼。此时,西方列强的侵略深入内地,中国面临着危机。翁同龢扩大对光绪的教育内容,在保留《四书》、《五经》等二十多门课的同时,又增设了有关中外史地、洋务运动和早期改良主义者著作方面的课程。这是对教育内容的改革,与时俱进。

讲授时,翁同龢结合当时实际,说出处置办法。光绪很感兴趣,后来光绪支持戊戌变法,和此时的教育不无关系。就此也可看出翁同龢不是死脑筋,喜欢接受新思想。最起码,对帝国的命运有考虑。

光绪八年十一月,翁同龢被除为军机大臣行走,介入满清的最高权力之中。当然光绪的课还是要上。是年,翁同龢五十三岁。

5

军机处也称总理处,有六七个人。行走是资历浅一些的,潘祖荫也是同时命名的行走。

翁同龢主要参与了两项重大政治活动。一是参与处理云南军费报销舞弊案;二是参与中法越南交涉事宜。

云南军费报销舞弊案是光绪五年间的事,巡抚杜瑞联派崔尊彝和潘英章二人,携巨款赴京打通关节。崔、潘二人进京后在军机处、户部四处活动,向军机大臣周瑞清、王文韶等行贿八万两,了结此项报销。

中法越南交涉是光绪十年,法国早就觊觎越南,不断挑起事端,企图从越南侵入我国。这一年,又突然袭击凉山附近的北黎。翁同龢主张一面进兵,一面与之议和。说黑旗军的刘永福不足恃,非增重兵出关不可。谈是建立在打的基础上,免得洋人漫天要价。中法之战极其复杂,不是这篇小文能说的。

还说教授光绪。光绪情绪不稳,光绪九年二月初九,光绪先见内务府大臣,然后到书房读书,翁同龢没有说读什么书,应该是《四书》,不愿意读生书,也就是新课,翁同龢"不免生色剧疾",后勉强读完。慈禧令人找翁同龢有事。他回来后,正好看见光绪要从后角门出殿,太监们跪在那里请皇上不要出去,光绪不听。翁同龢只好婉言相劝,说这样做违反了规矩,再者回去后有图画看。光绪这才返回书房。

饭后,翁同龢见光绪仍不悦,就检讨自己,说自己不该在皇上面前"哓哓不已",就是不该争辩那么多,也是急了没有办法。

十四岁的光绪这才高兴起来。光绪此时正处于逆反心理期,十五这天,翁同龢有事还没有到,光绪在后殿发怒,拍碎了表上的玻璃,手被划破。翁同龢听说后,又温言相劝。

教育同治失败,也使得翁同龢在光绪身上倾注精力格外大。

其实就光绪来说,也有难处。自小没有母爱,要见到一次生母很不容易,要慈禧答应才行。和慈禧的关系也很复杂:既亲密,又仇视。两人很多事想不到一块。家事、国事都如此。光绪不喜欢慈禧的侄女,但慈禧偏要侄女做皇后。光绪越大,两人的矛盾越突出。

翁同龢喜欢左宗棠，不喜欢李鸿章。左宗棠是湖南人，因参与平洪秀全的太平天国而由布衣做到巡抚、总督，极有见识。此时入值军机，来见翁同龢，说为帝师是一等大事。还说一个人小事精明必误大事。翁在日记中连称"有味矣，有味矣"。在对付外敌上，两人相近，都主战。

和李鸿章的龌龊，以后甲午战争还要说。

不久，翁同龢出军机，为工部尚书。

光绪十年三月，慈禧借中法战争失利处置了一批人，免了恭亲王奕訢的职，李鸿藻降两级，翁同龢是"褫职留任"。为光绪授课照常。慈禧的目的在整治奕訢。

翁同龢心里惴惴。

6

帝师中，还有个叫孙燮臣的，为户部尚书，两人关系不错，相互来往较多，孙燮臣也通脉理，翁同龢有不适，请孙燮臣来把脉下药。孙燮臣的第二个女子拜翁同龢的妾为干娘，来拜翁同龢，但翁同龢拒绝。

翁同龢每日都在注视朝廷内外大事，此时外乱较多，不是法国人继续闹腾，就是日本人闹腾。

照说光绪到了亲政的年龄，（顺治、康熙都是十四岁亲政），但慈禧说光绪不行，不成熟，要再等一等。直到光绪十三年才还政于光绪。但一直还不放心，仍旧管事。

是年十二月，懿旨撤销对翁同龢等的处分。

光绪亲政后，课依然照常。光绪瘦削，总是面带忧郁。

翁同龢也有不可思议的地方，比方说反对修铁路。从天津到塘沽修建了铁路，当时是大事。李鸿章主张修建铁路。著名铁路专家詹天佑参与了修建。当时有不少人反对。翁同龢是其中之一。

现在看反对修铁路很荒唐，当时就有人硬是反对。有的人说破坏风水，有的说洋玩意儿。翁同龢是出于何种理由，不可考。有人说是他和李鸿章因翁同书的事结仇，凡李鸿章的事，他都反对。我总以为把家仇弄到国事上，翁同龢的胸襟就这么小？主要是两人的思路不对，报私仇也有可能。

翁同龢是复杂的。并不是一碗清水,让我们一眼看透。

甲午海战的事尤其如此。

日本人早就对中国有野心。这个岛国的人很奇怪,聪明能干,但也好武,总有一种不安全感,和周边操事。1894年是甲午年,终于在黄海爆发了海战。

日本人是经过精心准备的。从军舰购置到严格训练。我方却没有。原因很多,一是大国主义,不把日本放在眼里。二是经济捉襟见肘,顾不上。白银不少,都流到列强的腰包了。

李鸿章作为直隶总督兼北洋大臣直接负责,但没有钱购置军舰,十年没有添一舰。《中国海军大事记》光绪十七年载:"四月,户部决定:南北两洋购买洋枪、炮弹、机器事,暂停两年,所有银子解部充饷。"理由是以前购置的不少。翁同龢此时又入军机,主管户部。

这一年,正好是慈禧六十大寿。上下正忙着贺寿。

李鸿章也不愿意打,他想保存实力。但翁同龢和光绪都主战。九月十七日黄海一仗打下来,我方损失战舰五艘,死伤千余人。日军也有损失。后日军趁势占领旅顺和威海,李鸿章精心经营的北洋水师覆灭。

《清史稿·翁同龢传》中有一段说这个时间的:

时日韩起衅,同龢与李鸿藻主战,孙毓汶、徐用仪主和。会海陆军皆败,懿旨命赴天津传谕李鸿章诘责之,同龢并言太后意决不即和。归荐唐仁廉忠赤可用,请设巡防处筹办团防。于是命恭亲王督办军务,同龢、鸿藻等会商办理。上尝问诸臣:"时事至此,和战皆无可恃!"言及宗社,声泪并发。及和议起,同龢与鸿藻力争改约稿,并陈:"宁增赔款,必不可割地。"上曰:"台湾去,则人心皆去。朕何以为天下主?"毓汶以前敌屡败对,上责以赏罚不严,故至于此。诸臣皆引咎。上以和约事徘徊不能决,天颜憔悴。同龢以俄、英、德三国谋阻割地,请展期换约,以待转圜。与毓汶等执争,终不可挽,和约遂定。

翁同龢爱国,一心主战。失败后,也不同意割地。有民族气节。

但有个叫王伯恭的,写了《蜷庐随笔》,其中有个细节。

张謇是翁同龢的门生,王伯恭也是。王伯恭听到张謇在翁同龢面前大谈"日本蕞尔小国,何足以抗天兵,非大创之,不足以示威而免患"后,向翁同龢建言,认为中国军力不足,"力谏主战之非"。

翁同龢不以为然,嘲笑王伯恭是书生胆小。王伯恭与其辩论,"器械阵法,百不如人,似未宜率尔从事。"翁同龢答道,"李合肥治军数十年,屡平大憨。今北洋海陆军,如火如荼,岂不堪一战耶?"王伯恭称,"知己知彼,乃可望百战百胜,今确知己不如彼,安可望胜?"

翁同龢说:"吾正欲试其良楛,以为整顿地也。"

李合肥就是李鸿章。安徽合肥人。楛:本是器物不坚固,引申为恶劣。翁同龢的意思是借机整顿李鸿章。

如果王伯恭的记述属实,那就真的是狭私报复。既爱了国,又报了仇,一箭双雕。

还有一事也是说翁李矛盾的。

李鸿章后期很不得意,袁世凯来找李鸿章,请李鸿章告退,空出协办大学士的名额,让翁同龢来做。李鸿章很生气,把袁世凯训了一顿。

7

光绪亲政后,和慈禧的关系复杂。翁同龢自是站在光绪一边,甚至光绪的不少主张就是翁同龢的主张。光绪喜欢新知识,为满足帝对西学的探求,翁同龢不断向光绪呈送有关西学的书,并且常在书房同光绪讨论时政。

引起了慈禧和帝党官僚的疑忌。光绪二十三年(1897)一月,慈禧下令裁撤光绪的毓庆宫书房。至此,翁同龢结束了长达二十二年的毓庆宫教授生涯。

先说戊戌变法。

戊戌变法是康有为搞起来的。康有为是广东南海人。痛感社会腐朽,洋人侵略,力主变法。1895年,即光绪二十一年,甲午战争失败,朝廷派李鸿章和日本人签订《马关条约》。消息出来,康有为联合在京参加会试的一千多名举人,"公车上书",要求清廷变法图强。

这个举动让翁同龢高兴。光绪也高兴。他们似乎看到了一缕曙光。光绪召见康有为,做了两个小时的谈话。

但慈禧不高兴。原因很多,其中一个原因就是怕失去权力。

翁同龢数次到宣武门外的粤东会馆看望康有为,康不在,后进行了回访,谈得很投入。二十三年十一月十八,康有为心情灰暗,打算回南海。翁同龢要他不要消沉,说光绪对他抱有极大希望,康有为这才没有回南海。后来终于有了这个不成功的变法。

1898年6月11日,光绪皇帝颁布"明定国是诏",戊戌变法开始。翁同龢是第四天被光绪下令开缺回籍的。也就是6月15日(光绪二十四年四月二十七)。这天夜里下了小雨,翁同龢很高兴"袭击不寐"。上朝后,中宫传令让其他人进去,但留下他"独坐看雨",后同人出,他接到上谕:协办大学士翁同龢近来办事多不允协,以致众论不服,屡经有人参奏,且每于召对时,咨询事件任意可否,喜怒见于辞色,渐露揽权狂悖情状,断难胜枢机之任,本应查明究办,予以重惩,姑念其毓庆宫行走有年,不忍遽加严遣,翁同龢即开缺回籍,以示保全。钦此。

翁同龢如雷轰顶,变法开始,为何要赶我回家?但又只好"感激涕零"。

对于原因,史家历来众说纷纭。

有说是光绪的主张。上谕说的几件事都有,对翁同龢不满。此外还有两件事,令光绪不满。一件是德国亲王来,光绪主张"行西礼",翁以为不可。第二件事光绪要翁对康有为说将《明治变政考》再抄一份进呈,翁说他和康没有来往,还说康居心叵测。

但有人说光绪对翁的开缺毫不知情。宣读诏书时"涕泪千行"。

第二种是说为荣禄、刚毅等的报复。翁同龢和两人不谐,荣禄是总管内务府大臣,和翁同龢为结拜兄弟。刚毅为翁同龢的门生,军机大臣。翁同龢的人际关系比较紧张,与张之洞、李鸿藻等都合不来。与人议事,稍有不合,不是拂袖而去,就是公开斥责。

最后一种说法是慈禧。慈禧对翁同龢不满,从裁减书房开始,她以为翁同龢和她不是一条线上的。再者六十大寿时,正值海战,翁同龢疏请停罢庆典。甲午海战四年后,又是慈禧的寿辰,有旨让户部提款百万,用于贺寿,翁同龢不同意。

据我看,应是慈禧和荣禄等的计算,慈禧利用光绪的不满,翁同龢为帝师,开缺他,就等于光绪失去了高参。戊戌变法百日,慈禧囚禁光绪,杀变法"六君子",其实在变法前就有征兆,只是慈禧老谋深算。外人很难看出。

就翁同龢参与变法看,他不满于现状,有新思想,但属于清流,没有多大势力,和权力在握的朝臣和慈禧斗,他不具备这种能力。

8

翌日,翁同龢到宫门候驾,在道路的右边磕头,光绪看见,竟没有说一句话,翁同龢如在梦中。是啊,这就是二十多年帝师的结果。

年近七十的翁同龢打点行装,准备离开京城。户部侍郎张荫桓来,说御史胡孚宸弹劾他贪墨二百六十万和翁同龢平分,因查无实据作罢。翁同龢只有苦笑。

十六天后,翁同龢离京。坐火车到塘沽。后乘船经威海卫至上海,归家。

还是二十年前回来过,有恍如隔世之感。

当地有不少官员来见他。就此,过上了半隐居的日子。偶尔也出外走走。在江西途中,知道变法失败,慈禧重新执政。张荫桓也被逮,后被流放遭杀。虽被开缺,但他仍关心时局。

自江西归来后,租赁房屋居住。妻子的忌日,他仍不忘祭奠。他无子女,后来娶的妾相貌丑,也是遵照亡妻的遗愿。

一天,传来朝廷严旨,说翁同龢种种罪状,革职永不叙用,并交地方官严加管束,不准滋生事端。如果说以前还抱有一丝重新启用的希望,那现在是彻底了断。他百感交集,流下了泪。

后人发现他的日记有修改的痕迹,将康有为换成李莼客,害怕再牵连祸端。

年底,搬进新屋居住。同治忌辰这天,翁同龢早晨起来就向北九叩首,"感怆惘极"。

翁同龢仍不忘每日写字看画。

六年后病逝。年七十五。

绝笔诗云:六十年中事,伤心到盖棺。不将两行泪,轻向汝曹弹。

诗中有无限辛酸。

去世前得知,慈禧解除戊戌变法中交地方管束的人。

陈宝琛
(清末 1848—1935)

最后一位帝师。性情耿介，敢言。光绪年间为翰林院侍讲、江西学政等职。中法战争中主战，荐人不当事被连降五级，回乡二十五年，大力举办民间教育。宣统元年，为帝师。后劝阻溥仪当伪满洲国皇帝。

陈宝琛 最后一任帝师 性情耿介 敢言敢做 宣统元年力帝师 吾劝阻傅仪当伪满洲国皇帝

陈宝琛

1

最后一位帝师,距离我们不是太远。上个世纪三十年代才去世,陈宝琛高寿,活了八十八岁。他好直言,思想开化,忠君爱国。一生起起伏伏,性情不改。经历了清帝国灭亡和辛亥革命的过程。但他痴心教育,用很大一部分精力创办学校,成了福建教育的前身。后做了三年帝师,从平民到最高端,都有他的轨迹。

陈宝琛,字伯潜,出生的地方很美丽,是福州南端的螺洲镇。镇不大,长三里的样子,但地势很美。南临乌龙江,状如青螺。出人才,出状元,出进士,出举人。陈氏先祖,明洪武年间到此居住。三百多年间,出二十一个进士,为福州第一。陈宝琛的曾祖父陈若霖为刑部尚书,刚直不阿,据说曾判过一个"贝勒"的死刑。后人编了《陈若霖斩皇子》的戏上演,在当地影响不小。

陈宝琛的性情有些类似陈若霖。

陈宝琛的父亲也是进士,做过刑部主事,但时间不长。陈宝琛弟兄六人,三个进士,三个举人。熏陶于这样的名门之下,陈宝琛似乎不进入仕途就说不过去。

"生而英敏"的陈宝琛果然一帆风顺,同治七年(1868)中了进士。二十周岁。可说是少年得志。

此后十余年间,如鼓满风帆的船在行进。先翰林院编修,次擢翰林院侍讲,充日讲起居注官、内阁学士兼礼部侍郎,照这样发展的势头,肯定会成为朝廷重臣。皇帝换成光绪,但慈禧没有换。两宫皇太后,尤其是慈禧很喜欢他。他忠诚耿介,遇事敢言,和学士张佩纶、通政使黄体芳、侍郎宝廷等好议论时政,合称"清流四谏"。

所谓清流,可说是慈禧手中的一枚棋子。恭亲王奕訢是洋务派,引起慈禧不满。总理各国事务衙门李鸿藻是守旧派,以他为首的年轻翰林敢于抨击洋务派,形成了舆论力量。

当然并不只是抨击洋务派,主张捍卫主权和整治腐败也在其内。后来翁同龢也是清流的首领。

光绪四年,为新疆伊犁的领土问题,可以见出陈宝琛的思想和性格。

沙俄企图强占伊犁。左宗棠进兵伊犁,要沙俄退出。俄国人不情愿,清廷派左都御史崇厚赴俄国谈判。崇厚见了俄人就发憷,与俄人签订了《里瓦几亚条约》,割让了伊犁南境和霍尔果斯河以西的大片土地。朝野上下,一片哗然。

陈宝琛闻讯后,愤然上书,极言崇厚误国当诛,并指责军机处和总理衙门视国法为儿戏。然后又和编修张之洞连衔上《论俄事界务商务宜并争折》,积极建言派遣曾国藩的儿子曾纪泽赴俄谈判。曾纪泽也有其父之风,稳重干练。

慈禧将崇厚定了监斩侯。派曾纪泽到俄国,争回不少权力。

此时日本人也想趁机捞一把,要求"利益均沾",陈宝琛上书以为不可。如果答应,会贻害无穷。

琦善是老牌洋务,有不少丧权辱国举动。但有人青睐,陕甘总督杨昌浚要在陕甘建琦善专祠,得到清廷批准。陈宝琛又上书说不行,如此"祸国的罪魁"居然要立专祠,倘若不收回成命,天下人将怎样议论?

1880年,是光绪六年。中秋节的前夕,慈禧有病,但还是让小太监给自己的胞妹醇王府的七福晋送去食品。小太监是李小顺,按照规定,太监不得走午门正门。但李小顺别看只十五岁,却骄横惯了,直冲午门而过,被守门的护军玉林拦住,双方争执不下。护军统领岳林等出面排解也不行。李小顺还是硬闯,争执中,玉林撞翻了食品盒。慈禧大怒:将玉林等发往黑龙江当苦差,遇赦不赦;岳林交部严加议处。

陈宝琛为右庶子,张之洞为左庶子,两人上奏说慈禧处置不当。慈禧还算行,改为:玉林杖一百,流两千里。岳林免交部议处。李小顺打三十板。翁同龢曾赞赏陈宝琛极有风骨。

本是为慈禧服务的,但慈禧有错也不行。可见他是为国家的。陈宝琛一门心思在为清廷着想,他或许不曾想到清廷已经是一把烂泥,任凭你怎么涂抹,也糊不到墙上去。

他朋友多,除张佩纶、张之洞外,还有李鸿章的手下刘铭传。刘铭传脸上有麻子,曾经是安徽乡间的恶少,跟着李鸿章打太平军成为名将。此人曾经得稀世珍宝——商周时期的虢季子盘。传说翁同龢想买,但刘铭传不给。此时赋闲。翁同龢的日记中记载刘铭传给他拓片,他没有要。刘铭传和张之洞一样是洋务派,主张修铁路。

这天夜里,刘铭传来了,鼓吹中国要自强,必得自己建造铁路。说得陈宝琛眼睛亮了起来,末了,他请陈宝琛代写《筹造铁路以图自强折》,陈宝琛一口答应,当即磨墨伸纸,提起笔,一挥而就。然后读给刘铭传听,刘听后,拍案叫好。第二天,刘铭传让李鸿章看,李鸿章看后也说好,然后一笑:找人代写的吧?刘铭传笑了。慈禧召见刘铭传,刘呈上了折子。慈禧让廷议,不少人反对,翁同龢也是其中之一。

后刘铭传首任台湾巡抚,还邀陈宝琛去过台湾。

光绪八年,中国和法国在中越边境发生冲突,法国人企图借机侵犯我国。陈宝琛和张佩纶连衔上奏,极力主张支援越南,防止法国人"蚕食"。并力荐盐茶道唐炯、广西布政使徐延旭参战。后二人赴前线,唐炯被授予布政使、巡抚,徐延旭也被授为巡抚。

陈宝琛被授江西学政。他自京城出发,一路南下到江西南昌。

2

江西当时经太平天国战乱后,文风不正,考试作弊现象严重。陈宝琛一到任,就严肃考纪,责成考官"惕绝弊端"。同时深入各地,主持岁科试。

是年秋,陈宝琛主持南昌乡试。

考试完毕后,他对卷子进行初选后,还不放心。又仔细查了一遍,发现一个考生的卷子很特别。不是按八股文先破题再承题什么的作文法,而是用韩愈式的散文写法,但才华横溢,气势磅礴。这样的人不多见,敢于打破旧有的模式,胸中必定有丘壑。于是决定破例录取。此人就是后世有名的维新人物陈三立,和谭嗣同一起参加过戊戌变法。陈三立的父亲陈宝箴后来做过巡抚,也是维新派。陈三立有两个儿子,一个是大学者陈寅恪,一个是名画家陈师曾。

就此陈宝琛和陈三立既是师生,又是朋友。

创建于南唐的庐山白鹿书院,宋时为全国四大书院之首,但战乱后十分破败。书院院长常年不到书院。陈宝琛心情沉重,决心整顿、修复。他重新制定章程,筹措巨款,重修了书院。对于不合格的书院院长,予以罢免,聘请负责的院长任职。

就在此时,传来法国蚕食的消息,知清廷内部又是主战主和较量,陈宝琛就急忙连上奏折,重申作战的理由。他说,面对狡诈的法国侵略者,中越只有联合起来,"别无自全之策"。"舍战而言守,则守不成;舍战而和,则和不久"。他批评清廷一贯迁延,给外敌造成机会的错误做法。

最后他表示,倘若需要,他可以亲赴前线,和敌作战。

从这里我们可以看出,陈宝琛绝不是光玩嘴皮子的,他有血性。

当然清廷没有让他去。他还在江西。

光绪十年,广信府上饶县校场上,正在举行武童生步射考试,就是射箭。陈宝琛主持。忽然一伙人闹嚷起来,说是弓太重,难以拉开。闹事的推倒箭靶和大门。陈宝琛当即喝令将闹考的拿下,为首的汪姓男子拔腿就跑。陈宝琛命暂时停考,追捕该男。后将姓汪的拿到,又继续考试。

陈宝琛在江西一年半,着力打造江西的教育。也许是这个经历,奠定了他日后为八闽教育出力的基础。

光绪十年四月,接到上谕:"内阁学士陈宝琛,著会办南洋事宜。……准其专折奏事。"闰五月十六,他直接由江西至江宁,也即南京。好友张佩纶也会办福建海疆事宜。

危急中的中国,需要敢于承当之人。

3

两江总督为曾国荃,是曾国藩的九弟。六十刚出头。所谓会办,就是帮曾国荃处理事务,最当紧的就是和法国人的纠缠。

朝廷以李鸿章为主,不愿意打。打不过,打来打去只有赔款割地。慈禧在是战是和上左右摇摆。

陈宝琛一到,就乘火轮视察炮台等。

原山西按察使陈湜,此时总统江南各军。但此人出入妓楼,阴险狡诈,"虚额蚀饷"。陈宝琛上章弹劾。此人能打仗,是曾国荃一手提拔的。

但凉山一役,法军首先开枪,双发交战两日,法军死伤百人,清军伤亡也不小。法军以此为借口,要清廷赔偿巨款。双方和谈不成,法军又侵犯台湾和福建等地。曾国荃不愿意打。但陈宝琛主战。两人意见不合。其实曾国荃也不把他这个书生放在眼里。他上疏说曾国荃"任用姻私,失知人之明"。

曾国荃弹劾陈宝琛:"不顾议约之难,好为高远之论,事事与臣污浊……",还说他弹劾陈湜没有根据。查证结果属实,陈湜被免职,曾国荃对陈宝琛大有意见。

就在此时,家乡有信来,说母亲故世。他趁丁忧回家。

翌年二月,他和张佩纶举荐的唐炯二人在前线吃了败仗,慈禧很恼怒,处置了两人,连同他和张佩纶、张之洞也都因举荐不力被处分,陈宝琛连降五级。张佩纶发往军台效力。

自此在家居住了二十二年。这次打击,对陈宝琛来说不小。二十二年,对人生来说,不算短。人生会有几个二十二年?何况他此时还不到四十岁,正是效力之时。

二十二间据说有三次复出的机会。前两次是李鸿藻和陈宝箴举荐,但父亲丁忧或赶上戊戌变法。第三次是被荣禄阻挠。他以前得罪过荣禄。

没有复出,但还关心政治,关心中外大事。甲午之战爆发,他写诗感慨,抒发胸中郁闷。

不过二十二年间,他并没有一心关起门来读书,而是做起了教育和实业。

丁忧期满后,他一心投入诗歌创作。在一个叫光禄吟台的地方组织了诗社,和张佩纶、陈衍、林纾、郑孝胥等唱和往来。陈衍是福州人,后入台湾刘铭传、张之洞幕府。林纾贫寒人家子弟,后来成为文学家、翻译家。用文言文翻译《茶花女》等两百多部外国小说。郑孝胥日后也为溥仪的老师,还为伪满洲国总理。这是个变节的人。文人中的败类。

他并不寂寞,家族是福州四大家族之一。又做过侍郎,朋友就多。福州是个有文化的地方,且听听街坊的名字:衣锦坊、文儒坊、光禄坊。有个园林叫曼华惊现。这是个名人辈出的地方。难怪他喜欢听水,写了不少听水的诗,还在鼓山建了两个听水斋,在此呼朋唤友,吟诗作字作画。

直到光绪二十年,他四十八岁,出任鳌峰书院山长。鳌峰书院是康熙年间建的,有康熙、乾隆赐的匾。一百多间房舍,每年招收全省秀才、童生。林则徐就是出自这个学校。

六年后,他与人合作创办东文学堂。所谓东文,就是日语。看到日本明治维新后,实力大大加强,陈宝琛意识到要从教育抓起,学西方的东西,逐步使国家强盛。招收十五岁到三十岁之间的人员。聘请日语教员。日本人却想夺取教育权,进行了投资。1903年,即光绪二十九年,陈宝琛将学堂扩充,改为全闽师范学堂。为福建师范大学前身。此举是对全国教育形势的呼应,张之洞奉命制定了中国教育史上的第一个新学制,也就是仿造日本,进行新式教育。

这不是个小事情,她打破了几千年的封建教育。陈宝琛总是踏着时代的节拍走路。

还不止此,三年后,他又在乌石山创办女子师范学校。他鼓励夫人王眉寿创办"女子师范传习所",后又办小学,男女同校。著名作家谢冰心就是从这里走出来的。王眉寿是书香门第出身,弟弟王堪仁是光绪三年的状元。

陈宝琛还把眼睛盯到实业教育上。福州有不少农家种桑养蚕,他于光绪二十五年,倡导设立桑蚕公学,专门培养技术人员。后福州设官办商业学堂,他首任监督,即校长。

光绪三十一年,为扩大教育成果,成立闽省学会,他为会长。后改为福建教育总会。在全省展开教育,办了数十所幼稚园、小学、中学、大学预科。

应该说陈宝琛有教育情结。他把教育做得有声有色。办教育事不大,但是根本。陈宝琛是把教育和变法图强联系在一起。想让中国强大,不愿意让国人受洋人宰割。

4

此时,全国已经修了不少铁路。光禄卿张亨嘉呈请修建福州铁路,得到批准。公推陈宝琛为铁路公司总理。之所以选择陈宝琛为总理,不出下列原因:一、名门望族,有号召力。二、有办教育的经验,能筹集到款项。三、早年就有倡导。本人又很有事业心。

他喜不自禁。多年倡导修铁路,现在就要在自己家门口听到机车的鸣叫了。不仅是这样,更重要的是和洋人的斗争。

半殖民地的中国,连修路也不容易。因福建距离台湾近,日本早就觊觎福建的铁路,要争得敷设权。《朝日新闻》中说,有了敷设权,就有了兵权、商权、矿权等等,就有了一切。法国人也在争取。

现在要自己修,就是长国人志气。

办铁路比办教育复杂。带有反侵略性质,股金不准洋人投入,确定线路,在全国设立办事机构等。

第一条路是厦门到漳州,四十五公里。虽不长,但当时在福州,还是石破天惊。

陈宝琛亲自到南洋募资金。到新加坡、马来西亚、印度尼西亚找华侨。黄乃裳是他的朋友,在华侨中影响大。黄先行,他后去。气候不适应,再加上奔波的辛苦,他小腿肿了起来。但还是坚持,终于筹集到了一百七十万元。

期间,日本人还横加干涉。

光绪三十三年(1907)六月初九,晴空万里,是破土动工的好日子。隆重的仪式上鞭炮齐鸣。

一百多万元远远不够,陈宝琛又积极疏通上下关系,筹集资金。

1908年,光绪、慈禧相继去世。两岁的溥仪即位,改号为宣统,成为中国最后一个皇帝。

军机大臣张之洞举荐陈宝琛进京。翌年二月,刚开春,陈宝琛奉命

入京。他刚过花甲之年。临行前到祖坟前拜别,作了《拜别先冢诗》,有心境的表达:

……壮盛付等闲,衰迟覆何恃。得归儿会归,不为祖宗忝。成亏盖天事,晚节敢自贬。

忝:有愧于。

壮年时很轻易过去了,老年还有什么依仗?能回来的时候我一定会回来。不会让祖宗受辱。成败都是靠天,晚节敢于自我褒贬。

他看到清朝的天空已经黑云密布,虽然不知道清朝的丧钟快敲响,但他直感"得归儿回归"。天下的事成败在天,他要保持晚节,不会有愧于祖宗。

陈宝琛是向上的人,始终心系朝廷。中年赋闲,让他心中不平,老骥伏枥,也是他的愿望。

5

三月初九,朝廷授他为总理礼学馆大臣。次日就恢复他内阁学士兼礼部侍郎。

八月,张之洞病逝。他很悲痛,写诗悼念。

礼部的事很多,不一一说。朝中更加黑暗。

他没有想到自己会做溥仪的师傅。宣统三年(1911)五月,有旨意要他为山西巡抚,据说他没有给庆亲王奕劻送门包而改为他人。

他和前科状元陆润庠两人作为毓庆宫授读。就此,他追随溥仪十几年,直到溥仪到东北为止。开始是师傅,后来是智囊。溥仪不同时期,有很多师傅。但对他影响最大的莫过于陈宝琛。溥仪后来称他是"唯一的灵魂,唯一的智囊"。

是年九月,武昌爆发起义,全国响应。后被称为辛亥革命。翌年正月,清室逊位,两千年的帝制轰然倒塌。

有人劝告陈宝琛趁机离开,但他没有走。他说:"臣起废藉,傅冲主,不幸遘奇变,宁忍恝然违吾君,苟全乡里名遗老自诡耶?"

冲主:幼主。恝:无动于衷。自诡:责成自己。

陈宝琛重名节,他不愿意让全乡遗老责成自己。他也离不开自己的主子。溥仪需要他。在他的脑海里,维新可以,革命不行。他想的还是复辟。

逊位时有规定:皇帝可以不当,但还有不少优待。溥仪还可以照常读书。

溥仪六岁。尽管小,陈宝琛也要教他如何做人,用传统道德浇灌他。自《四书》、《五经》中汲取养料。

但溥仪不是读书种子,不怎么爱读书。溥仪在《我的前半生》中说,"在十来岁以前,我对毓庆宫的书本,并不如对毓庆宫外面那棵桧柏树的兴趣高。在毓庆宫东跨院里,有棵桧柏树,夏天那上面总有蚂蚁,成天上上下下,忙个不停。我对它们产生了很大的好奇心,时常蹲在那里观察它们的生活,用点心渣子喂它们,帮助它们搬运食品,自己倒忘了吃饭。"

教这样的孩子,陈宝琛不会不感到头疼。

开始教识字,《三字经》、《百家姓》什么的。第一本书是《孝经》。大概看他不是读书的料,陈宝琛并不让他背书。只是读几遍。早晨在隆裕太后面前请安的时候,念一遍。然后再到毓庆宫念几遍。

为促使溥仪读书,三年后,给溥仪请了伴读。老师们训诫伴读,警示溥仪。溥仪还是淘气,另一名师傅徐坊的眉毛很长,他要摸一摸,趁势拔掉了一根。

溥仪生得不是时候,要早生二百年,大概会是个不错的皇帝。

陈宝琛高兴的时候,常常夸溥仪:"有王虽小而元子哉!"

"他笑的时候,眼睛在老光镜片后面眯成一道线,一只手慢慢捋着雪白而稀疏的胡子。"溥仪这样描写。

元子,天子的意思。他还是希望溥仪能重新做皇帝。

溥仪喜欢听故事,陈宝琛给他讲春秋时期越王勾践如何"卧薪尝胆",以及孟子"天将降大任于斯人也,必先苦其心志,劳其筋骨……"一类的话,激发溥仪的斗志。

陈宝琛还讲康乾盛世时,康熙乾隆的大举动大风范。特别喜欢回忆自己年轻时如何上书西太后。为了栽培好这棵苗子,他批评溥仪懒惰轻佻,也对在民国干事的愤愤然。

"徐世昌、赵尔巽算什么东西,贰臣。"陈宝琛翻着白眼珠子。

徐世昌曾为军机大臣,后做过民国总统。赵尔巽则做过清朝总督,后为民国临时参议院议长。

陈宝琛铁了心,要跟溥仪一辈子。他要忠君到底,在他看来,忠君就是爱国。这是他的局限。

6

陈宝琛喜欢算卦,当然也信卦。溥仪也总占卜自己的命运。

1917年,是民国六年。陈宝琛七十岁。在陈宝琛看来,有好事来到,就是张勋复辟。皖省督军张勋原是袁世凯手下,此人有清朝情结,民国后,都剪辫子,唯有他的军队保留,时称辫子军。

当时的总统是黎元洪,和国务总理段祺瑞有矛盾。张勋打着调停的旗号进京,就是要复辟。张勋事先来请安这天,陈宝琛教十二岁的溥仪要夸奖张勋。

复辟这天,陈宝琛和溥仪都陷入兴奋之中。似乎又可以重新做帝王梦了。但都没有想到,只做了十二天的皇帝梦,就在一片声讨声中破灭了。

一向谨慎和稳重的陈宝琛,在此期间第一次顶撞了溥仪,是因黎元洪。清廷复辟后,黎元洪应该搬出总统府,但黎元洪不听溥仪的,拒绝搬出。另一名师傅梁鼎芬去碰了一鼻子灰,回来告诉陈宝琛后,陈宝琛要溥仪将黎元洪赐死,溥仪不干。陈宝琛就铁青着脸,和溥仪争论。但溥仪仍然不干,溥仪的理由很足,说,当初民国也没有杀皇帝啊。他见溥仪坚决,才没有再坚持下去。

看来陈宝琛有些短视。在这个问题上不够厚道。假如真的杀了黎元洪,十二天后的结果就很难说了。说不定,也会反过来杀了溥仪和陈宝琛等。

在陈宝琛看来,这次复辟会很久。

其时的中国,乱成了一锅粥。两千年的帝制,一下子倒塌了,肯定是要乱上一乱的。

溥仪也够开放的,在紫禁城骑自行车,还请了苏格兰人庄士敦做英语老师。溥仪说他又多了一个灵魂。

陈宝琛对溥仪学英文不大感冒。

在庄士敦的影响下,溥仪和他的弟弟们都剪掉了辫子,陈宝琛不敢数落溥仪,却数落他的弟弟:把你的辫子卖给外国女人,还能赚不少银子呢。

陈宝琛感到溥仪越来越不听话。溥仪结婚后,很想出国。

民国十二年(1923),陈宝琛推荐郑孝胥、罗振玉入宫。

郑孝胥为懋勤殿(管皇帝读书文具的地方)行走。此人在光绪年间到过日本,后又为湖南布政使。辛亥革命后,在上海卖字,年入二万金。这是个有点野心和手腕的人。罗振玉做过学部参事,会考古,也去过日本。品行不大好,惯于造假文物什么的。

次年十一月五日,溥仪正在吃水果,有人拿来公文,说是冯玉祥进京,停止了溥仪的一切优待。冯玉祥也是个人物,出身贫寒,但有军事才能。为直系军阀吴佩孚手下第三军的总司令,吴佩孚和奉系军阀张作霖开战。冯玉祥突然进京,宣布和平,令溥仪出宫。

溥仪在很紧张的情况下,和陈宝琛、郑孝胥、庄士敦策划,自国民军的北府逃到了日本使馆。

三个月后,陈宝琛和溥仪等又到了天津日本租界。在这里七年,陈宝琛一心希望恢复溥仪的优待条件,但努力无果。

7

溥仪二十岁出头,凡事有自己的主张。

日本人对溥仪有想法,千方百计想通过溥仪复辟来控制中国。溥仪当然巴不得早日复辟。罗振玉积极要溥仪到旅顺去。陈宝琛和郑孝胥都反对。

虽然此时溥仪早已不是帝王,但陈宝琛还把溥仪当帝王。有空的时候,还要对溥仪上课,讲《通鉴》。溥仪出去看戏回来,他都要苦谏:皇上如此做,有失帝王的威仪。

康有为死后,他的弟子来要求"皇上"给个谥号,溥仪想给,康有为后来成了保皇派,出了不少力。但陈宝琛说:"康有为的宗旨不纯,曾有保中国不保大清之说。且当年忤逆孝钦太皇太后(慈禧),已不可赦!"

到底没有给。

陈宝琛一心忠于大清。

1931年九月十八日，日本关东军炸毁南满铁路路轨，但嫁祸于中国军队，开始发动进攻，蒋介石令张学良不抵抗。日军占领辽宁、吉林、黑龙江三省。

日本人策划在东三省建立满洲国，要溥仪当皇帝。溥仪在一天夜里，见了以后日军东部军总司令土肥原。日本人耍了伎俩，将溥仪的堂兄溥伟弄到沈阳，扬言要溥伟当王，借以刺激溥仪。

罗振玉再次充当了马前卒，劝溥仪去。八十四岁的陈宝琛甚为忧虑，他一向认为此人鲁莽乖戾，"能去当然好，只怕好去不好回。"溥仪不满陈宝琛的话。

十一月五日，已经很冷了。溥仪召开了"御前会议"。参加者：陈宝琛、郑孝胥等。

陈、郑两人激烈辩论。

郑孝胥力主去东北，说机不可失，失不再来。

陈宝琛摇着满头白发。

"大局未定，现在去是躁进。"

郑孝胥说："溥伟一旦当上，说什么都晚了。"

陈宝琛依然摇头，"溥伟弄好弄坏，左不过是溥伟。皇上出来就只能成，不能败。"

"在郑孝胥的飞溅的唾星下，陈宝琛脸色苍白，颤巍巍地扶着桌子，探出上身，接近对面的秃头顶，冷笑道：'你，有你的打算，你的热衷。你，有何成败，那是毫无价值可言！……'"

溥仪描写二人的神态。

溥仪当初未表态，但私下结论是：忠心可嘉，迂腐不堪。

所谓迂腐，是指不会把握时机。事实证明，陈宝琛是对的。当时日本军部和内阁意见不一致。陈宝琛不主张冒险，也是这个意思。陈宝琛也看清了郑孝胥的目的，是想当大官。

但溥仪听不进，数天后，偷偷和郑孝胥、郑垂父子一起离开天津，到了辽宁的营口，后又到大连。

两个月后，陈宝琛来到了大连。他劝溥仪不要轻信郑孝胥的话。

但溥仪听不进。郑孝胥也怕陈宝琛影响了自己的好事,不给陈宝琛好脸色。陈宝琛只住了两宿就走了。临行前,流着泪对溥仪说:"臣已风烛残年,怕是以后不能再来,就是来也怕见不到皇上了。"

溥仪此时已对这个老师傅失去了兴趣。陈宝琛其实和郑孝胥不同,不是要做大官。他一直不愿意溥仪当儿皇帝。这是民族气节问题。

陈宝琛每天都注意报纸上的消息。1932年,溥仪到长春,成立伪满洲国执政府。他写信要溥仪"以中人为主,必须划清界限",托人秘密转给溥仪。又将东北各军政的动态报告给溥仪,其中有寓京的张学良的情况等。

陈宝琛还不放心,九月,又专程来到长春见溥仪。溥仪的另一名师傅胡嗣瑗作陪。有次宴集中,玩嵌字格诗钟,用"中日"两字。是种文字游戏,一炷香的工夫将两字嵌在七言对联的第一个字中。

"日暮可堪途更远,中乾其奈外犹强"。陈宝琛捻着白胡子吟道。

有不少人说好。郑孝胥的侄子也说好,却暗暗把这句对联带给郑孝胥看,郑孝胥又给了板垣。"九一八"事变就是板垣策划的,此人后来成为战犯。板垣把对联记在手册中,后来有人对他说,这是文人的游戏,才算罢了。

陈宝琛对溥仪说,你手下连一个好人也没有。

据说有天夜里,陈宝琛忽然看见一个贼人拿着利刃,站在他面前说:有人派我来杀你,我看你老,你还是赶紧走吧。

陈宝琛一笑置之。

十二月中旬,他离开长春。

回到北京的他,还是想念着废帝。他和胡嗣瑗通信,多次提出独立问题,说做保护国的元首,不如做退位的皇帝。

想让自己的学生重新做独立的皇帝,成了他的幻想。但这幻想离现实很远很远。

1933年秋,八十六岁的陈宝琛拖着病身,再次来探望溥仪。他知道这是最后一次了,心情很忧郁。

年底,陈宝琛将自己的五万册图书赠给福建协和学院。

1935年二月,陈宝琛因额头上的瘤子破损而住院,接着哮喘复发,终于不治去世。死后,家人在他的衣带中发现有密折,说溥仪为日人所诳,"此时进止尤不可不慎……"

最后的几年,陈宝琛生活在忧虑、无奈中。

就整个帝制来说,清朝是个句号,也是个悲剧。就清朝来说,宣统是个悲剧,这样,陈宝琛就不能不成为悲剧。

陈宝琛作为满清的遗老,固然有可悲的一面,但也有可嘉的一面。他可悲的一面正是他可嘉的一面。正如现在我们的思想和行为,有谁知道,若干年后是可嘉还是可悲呢?

山高师为峰

山高师为峰

　　几乎每一个成功者的背后,都有一个或几个老师。当然未必都是有过拜师仪式,有的只是一句话,或一个计谋,甚至有"一字师"。故而孔子说:"三人行,必有我师焉。"凡有长处的人都是老师,是广义上说的老师。

　　本书说的是位置最高的老师——帝师。他们是中国文化教育的继承者、传播者,也是中国政治中的一分子。

　　中国帝师,有文字记载的,最早是汉代的张良,张良是刘邦的谋士,辅佐刘邦取得汉代的基业。《史记·留侯世家》中说:"今以三寸舌为帝者师,封万户,位列侯,"这也是广义上说的是刘邦的老师。照此类推,萧何也可以说是刘邦的老师。姜子牙也可称帝师。

　　还有一种是被正式任命的帝师。一类是太子的师傅。一类是皇帝的老师。太子是日后的皇帝,也可叫帝师。现任皇帝的老师,是为皇帝在经筵或日课上课,补充知识。

　　古今中外,都有帝师。西方大哲亚里士多德,就曾做过亚历山大的老师。

1

　　一个人一旦称帝后,就千方百计想要保住自己的天下,世世代代传下去。所以很重视对太子的教育。自西周就设有太师官,是辅佐国君的高官。西晋有太子太师,太子太傅,太子太保和太子少师、太子少傅、太子少保。前者叫三师,后者叫三少。

　　三师三少都是辅佐太子的人。

　　后来这些职位成为虚设,真正教授太子的是太子侍读、侍讲或授读。

　　皇帝对太子师要求很高，一般都是四十岁以后的硕儒。这样的人德高望重，经验丰富。帝师和一般老师不一样，首先是责任重大。不仅仅是教育的责任，要把太子培养成合格人才。而且还要时刻警惕着来自各方面的变化。后宫、皇子们、朝臣、太监每天都在为争夺皇位上演着把戏。要保护太子的地位不受侵犯不是件容易事。帝师们得很干练才行。品德高尚，要在德行上影响太子。其次是学富五车，知识渊博。作为帝师，当然还需要有更高的传授技巧。自己一肚子学问，倒出来后，还要别人能接受。虽然古人的教育方法多为注入式，但有时皇帝或太子很小，只有四五岁，不懂得少儿心理也很难弄。注入式外，还有适当的启发式，因材施教、奖惩并举等等。

　　"学得文武艺，货与帝王家"，是儒家的一个理想。孔子也想当帝师，但没有能够，当然孔子是要当辅佐国君的那种帝师。

　　古人用木铎比喻老师。木铎就是以木为舌的铃铛。孔子就是"天之木铎"。教化天下。

　　韩愈曾做过国子监的博士，对教师这个职业说得最清楚。他在《师说》里说："师者，传道、授业、解惑者焉。"

　　帝师也离不开这三条。

　　传道为第一。道就是思想，也可叫道德。业是具体知识。惑是疑问。做到这三点就可以是个不错的老师了。

　　当然要成为教育家，还是有距离。帝师中有不少都是大教育家，如朱熹、陈宝琛等。在教授帝王前，他们已经教授了大量的平民，或举办了学校，被人称道。

　　帝师们都很敬业。说帝师们只知道照本宣科，没有创造性，显然是冤枉。他们千方百计要把太子或皇子们教好。

　　他们都竭力地以儒家的伦理道德去施教。人生目标是要"三不朽"：立德、立功、立言。德是第一位。德就是要爱人修己，对人要"仁"，修养自己。教弟子们明辨义利，正确处理道德行为和物质利益的关系。穷则独善其身，达则兼济天下。这些都在《四书》、《五经》等书中，弄通了这些，就好办。

皇帝对帝师的看重，其实是看重自己的地位传承，他希望天下永远是他的。他要求帝师对太子始终不喻贯彻他的思想、路线、作风等。中国古代朝政管理，不是靠制度约束，而是靠个人意志。个人的作用尤其大。君王的好坏直接决定着天下的成败。古往今来，这都是一个重要问题，也是不大好解决的问题。很多一代明君都处理不好这个相当的棘手问题。即便是当今的西方，用的是普选领导人，也不见得完全是优绩股。太子究竟是接班人还是掘墓人，皇帝经常头痛。故而帝师的教育很关键。在帝师的教育中，皇帝也会随时考察教得如何，如不称职，是要处置，甚至马上换的。对太子也要考察，皇帝和太子的关系很微妙。做太子的要很小心，不要让老子感到有一种威胁。故而皇帝时间一长，太子就很难受。

教育对象不同，道德就显得更加重要。培养的是日后的君王，一言一行，将影响整个天下。帝师们要打造一个有高尚道德的君王。因这样的君王，才可以得民心，使天下不乱，虽不能保持某姓天下永永远远，但能够相当长久。这是皇帝所需要的。

皇帝究竟为何要让帝师教育把德放在第一位？也就是要塑造一个道德高尚的准君王？

以笔者看来起码有几点：

1. 帝师教育自汉代以来，就是儒家教育，儒家视仁德为第一生命。打天下，靠法家。坐天下，靠儒家。儒家讲秩序。

2. 有利自己统治。倘若太子不孝，又无德乱搞，结党营私，自己很快就会被推翻。

3. 自己死后，有德的贤明君王会励精图治，团结一帮人，很好传承基业。如果无德，臣下会反对。

4. 百姓拥护贤明君王。痛恨无道之君。如昏庸，百姓被逼上梁山，会在适当时机，群起而攻之，从而改朝换代。

5. 从人的本性讲，有善恶两面。但后天教育培养也很重要。学好很难，学坏很容易。从小教太子学好，长大后稍有一点坏，还可以改正。一上来就坏，根本不可以救药。

6. 就环境说，也需要重视德。社会上有"富不过三代"之说，皇宫的生活，更容易滋生骄、娇、懒、贪、暴等不良习气或邪恶。自小以正压邪很重要。

　　一般来说,帝师们都是老皇帝喜欢的人。帝师们也会讨老皇帝喜欢。比如李隆基喜欢诗,也喜欢贺知章的诗和人。李隆基讲孝道,贺知章就对弟子讲孝经。

　　帝师们反复讲古往今来帝王们成功和失败的经验。譬如秦朝暴虐,就很短暂。汉唐为有道君王,就国祚绵长。就是一个朝代期间,也有差别。司马光的《资治通鉴》出来后,更成为不可多得的教科书。

　　小太子或小帝王就教他们看图说话的那种。张居正煞费苦心编的《帝鉴图说》,成为小太子的首选。

　　一代宗师们从事的是政治哲学,政治在前面。

　　其次要教授帝王们知识。首先是文化知识。要背书,作诗,写大字等等。清朝除了文化还有"武"的锻炼。除了书本上的知识外,还要有解决实际问题的智慧和本领。现任的皇上往往会在经筵之后联系实际,让师傅参谋对眼前一些事的看法。即便皇上不提出,负责任的帝师也要指出皇上某个事做得对还是不对。

　　世界上有两种人最无私,一种是父母,一种是教师。父母不用说,都巴着子女胜过自己。教师都想把自己的知识传授给弟子。作为帝师,当然会更无私。其中有些太子和皇帝小,帝师们几乎就像保姆,要管吃喝拉撒。

　　如同父母一样,帝师们也会用自己的理想或形象去塑造太子。帝师们会把自己没有实现的理想施加于太子,变成自己的延伸。

　　极少帝师是有野心的,像赵高那样的,少之又少。

　　帝师进行的教育是古代顶尖教育,是一笔很好的遗产。有以下特征:

　　一、注重早教。早教,甚至是胎教,究竟如何,有很多争论。但古人一直重视早教,反映儒家教育的特征。像建筑房屋一样,从最基础做起。

　　二、教育思想、方法比较先进。如张居正强调务实,翁同龢注重德智体全面发展。

三、知行合一、言传身教作用明显。对太子的教育,有一个重要方面,是培养处理政务的能力,或者叫统治手段。一个靠皇帝传授,要太子批阅奏折,处理事件等。另一方面就是帝师对太子总结先朝的经验或教训。太子即位后,不少帝师就在身边辅佐。因和太子感情深,再者也有自己价值的实现。由于地位的特殊,帝师们在太子身上倾心尽力,不少是为了实现自己的某种思想或主张。而太子也多半信任老师。

四、要求严格,但由于教育对象的特殊,很少体罚。对太子体罚较少,不等于不体罚。比如光绪不会背书,就不让吃东西。

把帝师教育放在整个中国教育史上衡量,说居功至伟不算过。帝师的作用,也有三个方面:

一、有力地维护了帝位的传承。中国是宗法制社会,两千年的帝制中,每个朝代帝位的传承,要靠准皇帝,也就是太子来完成。帝师们对太子的教育培养,是保证传承连续性的一个重要方面。可以设想,没有帝师的悉心教育,太子们会成为何等局面。皇帝们要把自己的治国理念、方法传给太子,除了自己教育,带领实践外,很大程度上也靠帝师。这就需要帝师很好领会自己的意图。当下的想法以及长远的想法。

二、切实维护了帝王的统治。在帝师的教育下,历史上出现过不少彪炳千古的帝王,如秦始皇、乾隆等。秦始皇是相国吕不韦亲自教导的。乾隆是朱轼教导的。他们的出现,固然不是只靠帝师的作用,但帝师是不可或缺的。尤其小时候,性格的塑造,能力的培养,都离不开帝师。

三、起到了示范作用。帝师教育虽在深宫,但不可避免地会影响到王侯、富豪以及平民的教育。从教育方法到教育模式,都会产生相当大的影响。每个人都在望子成龙,最好的办法就是学习顶尖的教育。帝师虽在深宫,但没有不透风的墙。再说帝师省亲以及致仕后,也会透露消息。当然不是说平民就是一味照搬高层,孔子就是私塾教育,二者可以相互生发。再说帝师也是来自基层。

位置高端,老师是最优秀的硕儒,教学态度无人可比。

这种贯彻两千年的教育,很深地影响着当时和后世。从思想到教法、教材都有影响。好坏都有。好的如把"德"放在第一位。老师的言行一致等。不好的也有，教材比较老化，不能及时更新。教育手法呆板，灌输多，启发少。以致到现在的高分低能，创造性少等，都可以追溯到帝师教育。

当然和帝王统治的环境离不开。帝王需要维护他的统治，需要这种儒家教育。最初的儒家不是这样，是一种活泼泼的、向上的。后来被改造成统治者的工具。

2

帝师们是对自己的职业感到荣光。对太子除太小者外，都是敬畏的。不像一般老师和学生的关系，而是君臣之间的关系。这种关系让二者不好相处。老师通常是需要严格的，不严格出不了效果。但对如此的对象，严格了会带来麻烦。"虎妈"肯定不行，不仅有的父母不理解，就是太子本身也不接受。张居正大声纠正神宗读书的错误被记恨，后来被报复了。

这也是帝师们不敢严格的一个原因。

但要求松也不行。要求松，就是责任没有尽到。效果差，皇帝也会责怪。所谓深不得浅不得，就是这个意思。要恰当地把握火候，掌握深浅度。既不惹太子厌烦，又收到良好的效果，是每个帝师们都要考虑的。

有一个现象，开国皇帝几乎没有几个受到良好教育的，如同汉刘邦是亭长，朱元璋是小和尚。但这些人胸襟开阔、胆识非凡，创一世基业。他们如同现在的父母，聘请最好的老师，希望自己的子女得到良好的教育，能够成才，一是为"天下永固"，二是为弥补自己的遗憾或缺失。但结果很难说。

有的成了才，成了不错的皇帝。但有的并没有。光绪和溥仪也都不算成才。成才不成才并不是能教育出来的，也就是说教育不是万能的。只能说是其中一个因素。

不过作为教育者来说，也可以称作是教育失败。

比较起来，清代的皇储教育要比其他朝代强。明代开始也行，后来流于形式，倒是清代，康熙之后先不立太子，皇子们在一块受教育，看谁优秀就秘密立储。有个竞争过程。自周朝起的嫡长制,也有好处,是求稳定的做法。但不好的是不管优劣。

经筵官是另一种帝师。经筵有点如同现在的成人教育。对皇帝补课,既可以讲经,也可以讲史。还要联系实际,提一点"合理化"建议。

这样的帝师,皇上未必看重。要看皇上是不是真喜欢,朱熹只做了四十多天的经筵官。抱着满腔热忱而来,但很快满腹冰凉而去。帝王不喜欢人家批评,帝师们一般都很执拗,要实现自己的一套理想,偏要批评,就惹得皇帝不高兴,打发回家。

这个过程很短,但对帝师们的心理影响不小。

3

由于教育对象的不同,帝师的地位自然高。太子亲政后,年龄都不太大,师傅们一般都会得到重用,成为重臣,要继续为皇帝掌舵。这一段时期,还要继续为小皇帝讲经什么的,但更重要的是出谋划策。可以说是帝师们的黄金期。

但这一段时间一般不会很长,等小皇帝成为青年,有了独立意识。皇权加上青年的逆反心理,让不少青年皇帝会很不喜欢自己的师傅。要极力摆脱开师傅的束缚。此时师傅们如果还一味坚持自己的意见,以为是自己从小教授的徒弟而认不清对象,就会产生很大的麻烦。青年皇帝会很容易找个借口,打发师傅们出京。也有的是师傅们坚持用儒家的标准去衡量新皇帝的一切,新皇帝嫌烦,打发师傅回家。

还有一种是师傅成了重臣,或者是行为不当,或者搅进派系,结局也不会太好。宋濂是孙子带来了灾祸,朱元璋刑法又重,结局不妙。翁同龢是惹慈禧不高兴,被打发回家,还要地方监视管束。

结局很好的也有,如贺知章、朱轼。要看皇帝是不是开明。李隆基开明,对贺知章就很好。乾隆也不错。

方孝孺是特殊情况,但却反映一个现象,即帝师们对自己弟子的忠贞不贰。和平时期,帝师们忠诚于皇帝,自不待言。激烈变动时期,如皇位争夺,不管明争还是暗斗,帝师们大都站在太子一边。刘邦让张良为太子少傅,张良和叔孙通一道成就了太子的帝王梦。方孝孺自然不肯为一个篡权者服务。即便这个篡权者很有才干也不行。

所以他要骂敌而死。这是他的理想,或者叫做光荣也行。

伴君如伴虎。帝师们因有这层特殊的关系,结局就很难说。一旦太子被废后,帝师就会跟着倒霉。故而帝师们有个很重要的任务,就是帮助太子坐上皇位。要清楚地判断局势,还要拿出得当的谋略。要有对付突然事变的准备。

帝师是在刀尖上讨日子,要有足够的智慧应付皇帝、皇后、太监、大臣……

帝师们大致有三种类型。

才干型的。比如高拱、张居正等。有治国的才能。知识型的,如朱轼、宋濂等。综合型的也不少,如司马光、翁同龢等。

就知识说,均是当世知名的饱学之士,少数是出类拔萃的思想家,如北宋的程颐、朱熹。

就性格来说,执著的较多。司马光、高拱、方孝孺、朱轼、翁同龢等都执著,一旦认准一件事,很少人能改变。只有叔孙通、贺知章变通些。

就从政能力来说,帝师们都很干练,无论是做地方大员,还是朝廷重臣,都能从大局出发,为百姓着想。没有几个是书呆子,只会教书,不会干事的。也就是说知行合一。说和做能统一起来。多少例外的是宋濂和方孝孺师徒俩。宋濂只会讲课,不大会处理政事。教出来的朱标,也正好太仁义。而方孝孺不通军事,被迫决断,就容易出错。不过本来军事就不是儒士的事。有些苛责了。

没有一个贪墨的,这是个可喜的事情。

十一个帝师中,两个是山东、福建的,两个河南的,其余都是苏浙和江西的,南方人居多。表明南方文化发达。虽说儒家的根子在北方,但渐渐伸展到南方,有的地方还超过了北方。贺知章和方孝孺都是浙江绍兴的,就很说明问题。

历代帝师中也有不好的,比如严嵩。教导太子一套,自己做的又是另一套,大肆贪墨。

经筵官和太子师,比较起来,前者轻松,后者劳累,且责任重大。

经筵官只需要精心备课、讲授就行。再者是要准备一些皇上的提问。但太子师就复杂得多,皇上等于把儿子交给你,不仅皇上盯着,后宫也在盯着。由于地位的特殊,大臣们的眼睛也睁得老大,防止你把下一代引到邪路上。

如果每个皇帝都如同康熙那样博学和太子那样精力充沛,帝师们将很难。不过这样也好,要求高,会有大进展。只是师傅们年龄有些大。

选用老年师傅,是看中学识丰厚,经验多,稳妥。但老年人身体吃不消,其实现在看,年轻人也不错。有朝气和锐气。也许皇帝用人之际,考虑的不是朝气。

皇储教育,精心准备,自胎教开始,大费心机。也不能说皇帝们不理性,他们就是认为这样好。不过现代人对胎教有两种看法,一种以为很好,大有成效。也有反对的意见,认为未必。孩子还是自懂事后教育好。我倒以为怀孕期间听听轻松的音乐,未必就是坏事。不要去望子成龙,有一个好心情,对下一代会有好处。

4

读圣贤书,走成才路,修身养性,经世致用,是帝师们共同主张。

叔孙通和张良比较,多少有些意思。

张良近似于诸葛亮一样的人物,辅佐刘邦取得天下。叔孙通只是会礼仪,会讲经。但后来为太子太傅,张良只是太子少傅。好在张良不计较。

在太子继位的问题上,张良出力也比叔孙通大。

原本不大相信儒家的刘邦,得天下后,变了思维,要保持稳定,就得要儒家的体系去维持。看中叔孙通也不是没有道理。儒家的思想在春秋战国时并不受欢迎,到秦代更不行。叔孙通的功劳也好,罪过也罢,将她摆弄到朝堂上来,教育太子,直到清末,陈宝琛还是用这个思想教育溥仪。

辛亥革命,推翻了帝制,也推翻了孔庙,儒家思想就开始瓦解了。当时以为将钳制国人思想的东西打倒,是一种进步。现在看未必,儒家也有相当好的东西。就另一个角度说,人总需要信仰点什么,不然就找不到支撑,找不到人之为人的理由。

贺知章和陈宝琛都活到八十多岁,而且很有生活质量,比较少见。
　　贺知章比陈宝琛鲜活。性格和时代不一样。严格来说,贺知章的性格和做派不太适合做太子的师傅。豪爽,好饮酒,但开放的李隆基还是很喜欢他。当然贺知章不会超越边线,起码是上课前不喝酒。如李白那样,就呆在朝廷时间不长。再者比李白圆通一些。
　　后来李亨还有一个师傅李泌,受不了朝中紧张的人事关系,曾躲开过一段。但贺知章适应。他教授的李亨,还算成功。
　　贺知章给人留下的美好东西比较多。

　　司马光时期,闹冲突的帝师很多。政见不一致,性格不合等等原因。
　　经筵官是经常变的,完全要看帝王的态度。一旦不合口味或者大臣有弹劾,就立马炒鱿鱼。
　　从帝师的角度看,无论是司马光,还是王安石,苏轼、程颐、吕惠卿,就学识水平来说,都是不错的帝师。但政见不合,就容易冲突。司马光和王安石,一个被称为"司马牛",一个被称为"拗相公"。
　　程颐更是少有的思想家。也许思想家更不适合帝王,因其更执著,更爱提看法,更受不得人的冒犯,离开帝王的时间就更快。
　　司马光的贡献在于立言。一套《资治通鉴》成为后世的教材。不仅帝王们可以看,平民知识分子也受其影响。他在思想上不及王安石,但立言上胜于王安石。
　　神宗能让当庭辩论,也说明一种气度,反映宋代对思想上的宽容。

　　朱熹虽然做侍讲时间很短,但很能代表帝师们的思想。
　　帝师不仅仅是为帝王讲课,而是要贯彻自己的人生理想,也就是光大的儒家的理想和风范。何况朱熹又是儒家的集大成者。他要建立一个思想世界。
　　就某种程度上说,帝师和帝王是有斗争的。帝师们为帝王划一道线,就是儒家路线——王道。但纯粹的王道,很难说能治理好国家。通常帝王都是王道、霸道兼用。帝师就要纠偏,惹皇上不高兴。这是一。

其次是宋宁宗喜欢专权,朱熹有所批评,宁宗就说朱熹讲得多是空话。按照钱穆的说法,历代皇权和相权是有制约,有平衡的。任何一个方面过大,都会出事。并不是皇帝一个人说了算。皇帝要争取更多的权利。但士大夫们也要保障权利不受损失。帝师没有多少实际权利,但有话语权。可以言事。

朱熹是思想家,又是教育家,本想对皇上有所补益,但适得其反。遭遇到一个不欣赏他的帝王。应该是时代的悲剧。

不过后来理学的蓬勃发展,大概超过他的预期。

5

历朝历代中,有两个皇帝极为重视对下一代的教育,一个朱元璋,一个康熙。两人都是少有的天才,想让下一代也成为如自己一样的人。其实这是一个误区。天才是教不出来的。但尽管这样,我们还是很看好两人如此重视对孩子的教育。

帝师教育只是皇储教育的一部分,还有家庭、社会教育等等。

宋濂属于规矩型,不张狂,有雅量。似乎是对草莽式的朱元璋是一个纠正。就此可以看出儒学的力量。朱元璋是不是真正尊重儒学很难说。但他需要儒学。

太子的软弱,不是宋濂教育的结果,是天性。也是因朱元璋太强大,太子始终生活在阴影下。

就教育来说,道家和儒家看法不同。

有一故事:弟兄两人。弟弟要修剪门前的一排树。理由是:树不剪不成材。哥哥不让,理由是树大自然直。并说森林里的树都没有修剪,都成了材。

其实森林里的树之所以成材,也是环境所致。你不尽量向上长,就接受不到阳光,就有可能死掉。

现代的父母们都会像朱元璋一样,不会同意哥哥的观点。要尽自己所能教育好孩子,无可厚非。但有时越巴着孩子成才,反而越成不了才。手段和方法,也都有讲究。

方孝孺是十一个帝师中死得最悲壮的。也有人说他死得不值。谁当皇帝与你什么相干？何况人家是一家子。又不是改朝换代。但方孝孺不这样看，他不能容忍叔叔的篡权。捍卫惠帝的皇权，比他的生命重要得多。

可惜他不懂军事。

如果朱元璋地下有知，不知道他赞不赞成篡权。

方孝孺一定认为自己死得值。在他看来，他是实践儒家的生死观。

如果他回答朱棣的话是真实的，就真的太意气用事。是几百口人的生命啊！

明清两朝都是帝制的尾巴，高潮是唐。明清处处都见衰败，也更加阴暗。明中后期，连续出两个异类的皇帝，一个信道，几十年不上朝；一个在宫中做木匠。帝国能正常运转，一部分原因是儒家伦理在起作用。同时，内部之间的缠斗也更加升级。帝师的结局也都不够好。

高拱作为帝师，教授裕王九年，相当不易。但张居正是两帝师，更有资本。两人的性格都不容人，尤其是居高位后。

张居正纠正神宗读错字，可见张居正的认真。神宗的报复成了后世帝师们的伤痛。翁同龢的父亲就不忘这一点，得知儿子要为帝师，就反复唠叨这一点。此时，翁心存已经快要辞世。

汤斌是康熙的太子师，纯粹型老师，不会做行政。那个时期，这样的人少。绝大多数都有两手：做官干干脆脆，老师漂漂亮亮。也好，这样的人，做老师效果会更好。

汤斌可以说是教授太子累病的，但还有人说他装病。工作紧张是一，精神也紧张。压力太大。既要应对康熙，又要应对太子。还要处理太子和后宫的关系。

帝师们在太子和皇上之间有时很难处。皇上如果对太子有不好的看法，往往影响帝师。康熙是对太子看法太好。

太子后来被废，主要责任在康熙。汤斌不可能左右康熙。

6

朱轼更多的时间是行政官员。为帝师前后,都做过高官,乾隆很喜欢自己的这位老师。家乡百姓至今记得他,并以他为模特儿,创作采茶戏《南瓜记》,说明他还是有影响。

朱轼几乎是儒家的典范。但身后的无字碑耐人寻味,透露出历史的复杂性与多义性。

翁同龢作为两代帝师,但结局不是太妙。他不可能倾向于慈禧,而只会靠近光绪。惹慈禧不高兴是必然的。作为慈禧一定伤心,对你不薄,你为何要和我作对?

翁同龢教出来的光绪,始终强不过慈禧,也不是翁同龢的教育方法不对。他不可能教出来一个强过慈禧的,要那样的话,光绪早死了。

陈宝琛作为末帝师,有太多的悲剧色彩。

他教给溥仪的东西似乎都不管用。溥仪要恢复自己的皇位,竟投靠日本人。在"德"上就失去了本色。把皇位看得比国家重要,就颠倒了。

陈宝琛能把握住自己,尚算不错。陈宝琛没有能看到溥仪《我的前半生》,此时的溥仪,已被改造得差不多了。

我们可以吸收:

一、"立德、立功、立言"的"三不朽",还是需要。做人的根本是德。不管是天子还是平民,都不能离开这一点。尤其是当代,到处是铜臭。不能自小就教育孩子只赚钱。立功是事业心,无论做什么,都需要事业心。

二、尽量给孩子一个好的环境。但期望值不一定要很高,高了有时会适得其反。

三、德、智、体全面发展。要强调素质教育,综合能力。

四、孩子的兴趣很重要,明明对钢琴没有兴趣,偏要他弹。钢琴学会了,心理压垮了。

五、减轻学习压力，在这样的时代，做父母和做孩子都不容易，做教师也不容易。但比较起来，孩子更难，他们太小，肩头还太稚嫩。

六、注重创造性，减少高分低能。

七、对孩子要因人制宜。比如管理，要严宽适度。太严太宽都不好。调皮的适合严，敏感脆弱的适合宽。美国虎妈蔡美儿的森严教育，作为制度肯定不行。卡夫卡描绘自己的父亲是个暴君，他父亲也只是吓唬，并没有实际行动，却造成他一生挥之不去的阴影。

八、变填鸭式为启发式，填鸭式是死记硬背，阻止活跃的思维。启发式能培养自主能力。

教育孩子是个系统工程，是科学。社会、教师、家庭都有责任。相信明天比今天好。

2013 年 12 月 8 日三稿

主要参考文献

司马迁 《史记》,中华书局,1982年11月。
《二十四史》,中华书局,1984年3月。
秦湘业 黄以周,《续资治通鉴长编拾补》,上海古籍出版社,2008年1月。
余英时 《朱熹的历史世界》,三联书店,2004年8月。
陈来 《朱子哲学研究》,三联书店,2012年12月。
徐永明 《宋濂年谱》,浙江大学出版社,2011年11月。
王春南 赵映林,《宋濂 方孝孺评传》,南京大学出版社,2006年3月。
朱鸿林 《高拱与明穆宗的经筵讲读初探》。
陈均 《贺知章简谱》。
白寿彝主编 《中国通史》,上海人民出版社,1989年。
向斯 《清代皇帝的读书生活》,中国书店。
王胜军 《清初庙堂理学研究》。
陈义杰整理 《翁同龢日记》,中华书局,1989年4月。
唐文基、徐晓望、黄启权主编 《陈宝琛与中国近代社会》。
溥仪 《我的前半生》,群众文化出版社,2011年7月。

图书在版编目（CIP）数据

品中国帝师/一退著.-上海：上海文艺出版社.2014.7（2016.11重印）
ISBN 978-7-5321-5231-5

Ⅰ.①品… Ⅱ.①一… Ⅲ.①政治人物-生平事迹-中国-古代
Ⅳ.①K827=2

中国版本图书馆 CIP 数据核字（2014）第 149624 号

责任编辑：魏心宏
封面设计：王志伟
插　　图：桑麟康

品中国帝师
一　退 著
上海文艺出版社出版、发行
上海绍兴路 74 号
新华书店经销　崇明裕安印刷厂印刷
开本 650×958　1/16　印张 14　插页 2　字数 206,000
2014 年 7 月第 1 版　2016 年 11 月第 4 次印刷
ISBN 978-7-5321-5231-5/I · 4136　　定价：29.00 元

告读者　如发现本书有质量问题请与印刷厂质量科联系
　　　　T：021-59404766